TEOLOGIA PENTECOSTAL

sua natureza evangélica e cristocêntrica

ROBERT MENZIES

ROBERT MENZIES

TEOLOGIA PENTECOSTAL

*sua natureza evangélica
e cristocêntrica*

Dados Internacionais de Catalogação na Publicação (CIP)

Ficha Catalográfica elaborada por Simone da Rocha Bittencourt – 10/1171

M551t Menzies, Robert.
　　　　Teologia pentecostal : sua natureza evangélica e cristocêntrica / Robert Menzies ;
　　　　[tradução de] Paulo Ayres ; [revisado por] Francine Cunha. – São Paulo: Editora Carisma, 2022.
　　　　264 p. ; 14 x 21 cm.

ISBN 978-65-84522-02-2

1. Teologia. 2. Teologia pentecostal. I. Ayres, Paulo. II. Cunha Francine. III. Título.

CDU: 289.951

Direitos de Publicação

© Robert Menzies, *Christ-centered: the evangelical nature of Pentecostal theology*. 2022. Editora Carisma. Esta edição foi licenciada pela Cascade Books com todos os direitos reservados para Editora Carisma, mediante permissão especial. De acordo com a Lei 9.610/98 fica expressa e terminantemente proibida a reprodução total ou parcial desta obra, por quaisquer meios (eletrônicos, mecânicos, fotográficos, gravação e outros), sem a prévia e expressa autorização, por escrito, de Editora Carisma LTDA, a não ser em citações breves com indicação da fonte.

Caixa Postal 3412 | Natal-RN | 59082-971
editoracarisma.com.br
sac@editoracarisma.com.br

Créditos

Direção Executiva: *Luciana Cunha*
Direção Editorial: *Renato Cunha*
Tradução: *Paulo Ayres*
Revisão: *Francine Cunha*
Capa: *Nelson Provazi*
Diagramação: *Casa Tipográfica*

Composição Gráfica
Fonte: *Fairfield*
Papel: *Pólen Soft 70g*

Edição
Ano: 2022
Primeira edição
Impresso no Brasil

"Menzies corretamente nos lembra que os pentecostais são pessoas tanto da palavra quanto do Espírito, ainda mais evangélicas na missão, porque somos pentecostais na experiência. Essa é nossa história e nossa identidade de base, da qual somos separados apenas por nossa própria conta e risco. A mensagem deste livro é crucial em um momento como este, quando alguns evangélicos e alguns pentecostais parecem relutantes em abraçar nossa herança e missão compartilhadas."

CRAIG S. KEENER, Asbury Theological Seminary.

"Aqui, um notável escriba pentecostal... corta um caminho de mediação entre extremos do fundamentalismo e ecumenismo para substanciar a natureza evangélica essencial do pentecostalismo desde sua origem. O livro acrescenta às publicações anteriores de Menzies, estabelecendo-o firmemente entre os principais teólogos pentecostais... Um autor missionário pentecostal, pode-se dizer, segundo a ordem de Lesslie Newbigin."

RUSSELL P. SPITTLER, Fuller Theological Seminary.

"Na Coréia, os pentecostais estão em conflito com os evangélicos, particularmente no que diz respeito à obra do Espírito. Ambos os grupos não têm consciência dos laços estreitos que os unem em suas crenças cristãs básicas. Estou confiante de que a obra *Centrada em Cristo* ajudará ambas as partes a se entenderem melhor e o quanto eles têm em comum."

DONGSOO KIM, Pyeongtaek University.

"Robert Menzies fornece um lembrete convincente da relação entre evangelicalismo e pentecostalismo. Sobrepostos, esses movimentos centrados em Cristo, embora moldados e remodelados por seus ambientes culturais, permanecem sendo a força mais vital dentro do cristianismo global por causa de sua mensagem poderosa de transformação redentora e preocupação contínua pela restauração da dimensão dinâmica da fé bíblica em que o Deus vivo atua por meio da igreja para a renovação da sociedade."

PETER KUZMIC, Gordon-Conwell Seminário Teológico.

"Os pentecostais são frequentemente descritos como "pessoas do Espírito" por causa de nossa teologia e prática do batismo no Espírito. Mas o próprio batismo no Espírito Santo é um ministério de Jesus. Então, somos pessoas do Espírito, porque primeiro somos pessoas de Jesus. Neste livro, Robert P. Menzies argumenta que a perspectiva do Pentecostalismo centrada em Cristo e capacitada pelo Espírito está enraizada em solo evangélico, e questiona se os pentecostais continuarão colhendo a colheita do evangelho se tentarmos plantar em outras bases teológicas."

GEORGE P. WOOD *Revista Influence.*

À administração, professores, alunos e funcionários do Seminário Teológico da Ásia-Pacífico (Baguio City, Filipinas), exemplos vivos do que significa ser evangélico e pentecostal.

Sumário

Prefácio de George O. Wood _____ 11
Agradecimentos _____ 15
Introdução _____ 19

**Parte I | Teologia Pentecostal:
suas origens evangélicas** _____ 29
Capítulo 1 - O duradouro legado teológico de R. A. Torrey: o Movimento Pentecostal _____ 31

**Parte II | Teologia Pentecostal:
seus fundamentos evangélicos** _____ 83
Capítulo 2 - Batismo no Espírito Santo: um empoderamento profético _____ 89
Capítulo 3 - Glossolalia: perspectiva de Paulo _____ 105
Capítulo 4 - Sinais e prodígios:
celebrando o reino de Deus _____ 139

**Parte III | Teologia Pentecostal:
sua trajetória evangélica** _____ 163
Capítulo 5 - Jesus, intimidade e idioma _____ 167

Capítulo 6 - Espiritualidade missional: uma contribuição pentecostal para a formação espiritual___187

**Parte IV | Teologia Pentecostal:
seu futuro evangélico**___209
Capítulo 7 - A natureza da teologia pentecostal: uma resposta para Kärkkäinen e Yong___211

Conclusão___239
Apêndice: Definindo o termo "Pentecostal"___245
Bibliografia___253

Prefácio

Se você tivesse que descrever a teologia e espiritualidade pentecostal usando apenas uma passagem da Bíblia, qual seria? Atos 2 é uma escolha óbvia, na medida em que descreve o evento fundamental que dá aos pentecostais nosso nome. Zacarias 4.6 é outra boa escolha. Por décadas, o Evangelho Pentecostal da Assembleia de Deus o ostentou em sua bandeira "'Não por força nem por poder, mas pelo meu Espírito', diz o Senhor dos Exércitos". Depois, há Hebreus 13.8, "Jesus Cristo é o mesmo ontem, hoje e para sempre", que os pentecostais mais antigos muitas vezes inscreviam nas paredes de seus templos.

Todas essas são boas escolhas, é claro, capturando algo importante sobre o pentecostalismo. Como ex-superintendente geral das Assembleias de Deus dos Estados Unidos, no entanto, não posso deixar de pensar que Marcos 16.15 ocupa um lugar de destaque, "Vão por todo o mundo e preguem o evangelho a toda criatura", que está inscrita na pedra angular do escritório nacional das Assembleias de Deus norte-americanas em Springfield, Missouri. Evangelismo é a primeira das quatro razões listadas na Constituição e nos seus Estatutos. O português "evangelho" traduz a palavra grega εὐαγγέλιον, mais conhecida por nós por seu cognato latino *evangelium*, "boas novas". Na medida em que os pentecostais são pessoas de Jesus cheias do Espírito cumprindo a missão que o próprio Cristo nos deu, somos, com "e" minúsculo, "evangélicos", ou seja, "pessoas do evangelho".

A pergunta crucial que Robert Menzies faz neste livro é se também somos evangélicos com "E" maiúsculo, uma palavra que veio a descrever o movimento de avivamento transatlântico do século XVIII associado a George Whitefield, John Wesley e Jonathan Edwards.

De acordo com o famoso quadrilátero de David Bebbington, os evangélicos são caracterizados pelo "conversionismo, a crença de que vidas precisam ser transformadas; ativismo, a expressão do evangelho em trabalho; biblicismo, em particular consideração pela Bíblia; e o que pode ser chamado de crucicentrismo, ênfase no sacrifício de Cristo na cruz".

A própria definição de Menzies, consistente com a de Bebbington, dá ênfase "(1) na autoridade da Bíblia; (2) na importância de um relacionamento pessoal com Cristo, enquanto Senhor e único Salvador do mundo; e (3) no compartilhar das 'boas novas' de Jesus com os não-cristãos (evangelismo), portanto, como um aspecto central da vida cristã".

De qualquer maneira, por definição, os pentecostais são claramente evangélicos. De fato, o argumento central de Menzies é simplesmente que "o termo, pentecostal, não é apenas compatível com o adjetivo, evangélico, mas incompreensível sem ele. Assim, ser pentecostal é, por definição, ser evangélico".

Infelizmente, alguns acadêmicos obscurecem a identidade evangélica do Pentecostalismo, seja pela demasiada ênfase nas raízes multipolares do movimento pentecostal ou por lamentar a sinistra influência do neo-evangelicalismo americano sobre os pentecostais. É verdade que a história de origem do pentecostalismo é mais complexa do que "Tudo começou na rua Azusa". E tínhamos (e continuamos a ter) inúmeras diferenças teológicas e práticas com outros evangélicos, tais como diferenças sobre o que gosto de chamar de "Os Quatro Cs": Calvinismo, cessacionismo, complementarismo e o caráter do batismo no Espírito Santo. Mas essas diferenças estão dentro de uma mesma família, não entre duas famílias distintas.

Menzies também destaca um movimento preocupante em direção ao inclusivismo entre alguns teólogos pentecostais. O que é inclusivismo? É, nas palavras de um de seus defensores pentecostais: "As religiões não são acidentes da história nem usurpações da providência divina, mas são, de várias maneiras, instrumentos do Espírito Santo realizando os propósitos divinos no mundo e os não evangelizados, se forem salvos, são salvos por meio da obra de Cristo pelo Espírito (mesmo se mediados por meio das crenças e práticas religiosas disponíveis a eles)". O que preocupa Menzies, e o que também me preocupa, é que o inclusivismo é, em última análise, incompatível com a missão da igreja em Marcos 16.15. É incompatível com o evangelho.

Então, marque este pentecostal aqui, junto com Robert P. Menzies, como um firme evangélico. Porque Cristo é o mesmo ontem, hoje e para sempre; porque ele derramou seu Espírito sobre toda a carne para capacitá-los a dar testemunho dele; e porque qualquer movimento para a frente no evangelho vem por meio do Espírito de Deus, não pelo nosso próprio poder.

Vamos seguir em frente com ousadia, compartilhando o evangelho com todas as criaturas!

George O. Wood (*in memorian*)
George O. Wood foi presidente da Associação Mundial das Assembleias de Deus, copresidente global do movimento Empowered 21 e ex-superintendente geral das Assembleias de Deus (EUA).

Agradecimentos

Há alguns anos, um professor de um Seminário Evangélico em Hong Kong me perguntou com genuína preocupação se os pentecostais estavam se tornando hostis ao movimento evangélico. Fiquei intrigado com essa pergunta e perguntei o que o levou a fazê-la. Sempre senti que os fortes laços que uniam os movimentos pentecostal e evangélico eram amplamente reconhecidos.

Meu amigo professor citou o tom e o conteúdo de várias publicações associadas à *Society for Pentecostal Studies* como o motivo de sua preocupação. Assegurei-lhe que a grande maioria dos pentecostais de base se identificavam fortemente com os valores evangélicos. Em um sentido muito real, essa conversa foi o início deste livro. As percepções de meu amigo me motivaram a escrever várias das palestras ou artigos que se tornaram capítulos deste livro.

Capítulo 1, "O Duradouro Legado Teológico de R. A. Torrey: O Movimento Pentecostal", foi preparado para a reunião anual da Evangelical Theological Society em 2018, que ocorreu em

Denver (14 a 16 de novembro de 2018). Gostaria de agradecer ao Dr. James Hernando que, como eu estava na China na época, apresentou este material em meu lugar na conferência. Este material não foi publicado anteriormente.

Capítulo 2, "Batismo no Espírito: Um Empoderamento Profético", foi originalmente apresentado como uma das três palestras especiais que dei para o Colóquio Anual do Continental Theological Seminary em Bruxelas, Bélgica (25-27 de março de 2013).

Capítulo 3, "Glossolalia: Perspectiva de Paulo", utiliza material do capítulo 7 do meu livro, *Speaking in Tongues: Jesus and the Apostolic Church as Models for the Church Today*. Este material foi revisado para esta publicação.

Muito do material no capítulo 4, "Sinais e Prodígios: Celebrando o Reino de Deus", foi publicado originalmente no capítulo 4 do meu livro, *Language of the Spirit: Interpreting and Translating Charismatic Terms*. Uma tradução chinesa deste livro, que trata de questões de tradução na Versão da União Chinesa do Novo Testamento, está disponível no Synergy Institute of Leadership (www.silhk.org; info@silhk.org). O material de *Language of the Spirit* foi adaptado e expandido para esta publicação.

O capítulo 5, "Jesus, intimidade e linguagem", é um material quase inteiramente novo que não foi publicado anteriormente. Uma curta seção que discute as descrições de Paulo da glossolalia como oração doxológica se baseia em material encontrado em meu livro *Speaking in Tongues* (pp. 162-63).

O Capítulo 6, "Espiritualidade Missional: Uma Contribuição Pentecostal para a Formação Espiritual", foi originalmente apresentado como uma palestra especial na Universidade Pyeongtaek na Coreia do Sul, em 1º de novembro de 2012. Algum material desta apresentação oral apareceu em *Pentecost* (pp. 117-22) e mais tarde toda a obra, em uma forma ligeiramente alterada, foi publicada no *Festschriften* para Wonsuk e Julie Ma pela editora Teresa Chai, *A Theology of the Spirit in Doctrine and Demonstration: Essays in Honor of Wonsuk and Julie Ma* (p. 39- 56). Este material é usado aqui com permissão.

O capítulo 7, "A Natureza da Teologia Pentecostal", foi originalmente publicado no *Journal of Pentecostal Theology* 26 (2017), 196-213.

Sou grato às muitas pessoas associadas às várias instituições acadêmicas, editoras e periódicos mencionados acima por seu incentivo em contribuir para a discussão teológica atual, particularmente no que diz respeito aos pentecostais e evangélicos. Eles ajudaram a tornar este projeto de escrita possível e uma alegria.

Introdução

Este livro é, acima de tudo, um chamado à lembrança. Minha tentativa de desafiar uma surpreendente, mas virulenta, forma de amnésia que parece estar infectando, com vigor crescente, setores significativos da comunidade cristã. Quer sejam os discípulos de John MacArthur ou outras correntes do cristianismo cessacionista e fundamentalista por um lado[1], ou estudiosos pentecostais na academia por outro[2], há uma tendência notável de esquecer os fortes laços que sempre uniram os crentes pentecostais com seus irmãos e irmãs evangélicos. O fato é inegável. Cada vez mais, muitos, tanto dentro como fora do movimento pentecostal, têm esquecido as fortes

---

[1] Para uma perspectiva severa e cessacionista, veja MacArthur, *Strange Fire*. Veja também a resposta oferecida por mais de vinte estudiosos continuístas em Graves, *Strangers to Fire*.

[2] Daniel Isgrigg documenta a tendência atual dentro da academia pentecostal para estudiosos de caracterizar a afinidade do pentecostalismo com os valores evangélicos como uma traição da verdadeira identidade do primeiro (Isgrigg, "Pentecostal Evangelical Church", 8-10).

convicções evangélicas que deram origem ao pentecostalismo e continuam a formar sua base.

Essa amnésia ou, talvez mais precisamente, essa relutância em reconhecer a natureza evangélica do movimento pentecostal é impressionante por duas razões. Em primeiro lugar, é evidente que o movimento pentecostal nasceu de raízes profundamente plantadas em solo evangélico. Neste livro, com o termo Evangélico, refiro-me aos cristãos que afirmam: (1) a autoridade da Bíblia; (2) a importância de um relacionamento pessoal com Cristo, que é entendido como o Senhor e único Salvador do mundo; e (3) que compartilhar as "boas novas" de Jesus com os não-cristãos (evangelismo) é, portanto, um aspecto central da vida cristã[3].

Entendo o termo *pentecostal* para se referir àqueles cristãos que acreditam que o livro de Atos fornece um modelo para a igreja contemporânea e, com base nisso, encoraja todo crente a experimentar um batismo no Espírito (At 2.4), entendido como um empoderamento para a missão distinto da regeneração que é marcado pelo falar em línguas, e que afirmam que "sinais e prodígios", incluindo todos os dons listados em 1 Coríntios 12.8-10, devem caracterizar a vida da igreja hoje.

Desta forma, os pentecostais podem ser distinguidos de forma proveitosa de uma série de grupos relacionados, mas diferentes dentro da família cristã[4]:

---

[3] Meu resumo é consistente com a definição de quatro pontos amplamente citada por David Bebbington: "Existem quatro qualidades que têm sido as marcas especiais da religião evangélica: o conversionismo, a crença de que vidas precisam ser transformadas; ativismo, a expressão do evangelho em trabalho; biblicismo, uma consideração particular pela Bíblia; e o que pode ser chamado de crucicentrismo, ênfase no sacrifício de Cristo na cruz "(Bebbington, *Evangelicalism in Modern Britain*, 2-3).

[4] Para obter mais informações sobre as definições, consulte o Apêndice, "Definindo o termo, 'Pentecostal'."

Neo-Pentecostal: um cristão que concorda e age de acordo com todos os princípios pentecostais listados acima, exceto a afirmação de que falar em línguas serve como um sinal normativo para o batismo do Espírito[5].

Carismático: um cristão que acredita que todos os dons listados em 1 Coríntios 12.8-10, incluindo profecia, línguas e cura, estão disponíveis para a igreja hoje; mas, rejeita a afirmação de que o batismo no Espírito (At 2.4) é um empoderamento para a missão e distinto da regeneração.

Não carismático: um cristão que rejeita a afirmação de que o batismo no Espírito (At 2.4) é um empoderamento para a missão distinto da regeneração e que também rejeita a validade para a igreja hoje de pelo menos um ou mais dos dons do Espírito listados em 1 Coríntios 12.8-10.

---

[5] Nos estudos sobre o movimento pentecostal no Brasil a expressão "neopentecostal" frequentemente é usada para identificar certos grupos com características diferentes das usadas por Menzies, as quais têm a ver muito mais com o contexto religioso norte-americano. No Brasil o termo é aplicado para as igrejas que, segundo os estudiosos, têm a ver com a tríade "cura, exorcismo e prosperidade", e, que, sob a influência do missionário pentecostal canadense Bispo Robert McAlister (fundador da Igreja de Nova Vida, no Rio de Janeiro), se formaram a partir do final da década de 1970, sendo a Igreja Universal do Reino de Deus (IURD) sua principal expressão. Para discussão sobre o uso do termo neopentecostal em meios acadêmicos brasileiros, ver o artigo de Cecília Loreto Mariz, "Perspectivas sociológicas sobre o pentecostalismo e o neopentecostalismo", Revista de Cultura Teológica, n. 13, p. 37-52, 1995. Disponível em: https://revistas.pucsp.br/culturateo/article/viewFile/14222/12122. [N. do T.].

Deve-se notar que todas as categorias listadas anteriormente são compatíveis com o termo "Evangélico"[6]. Na verdade, a tese central deste livro é que os pentecostais são, por definição, evangélicos no sentido amplo do termo descrito acima. Os pentecostais compartilham com suas irmãs e irmãos evangélicos as principais convicções que moldam e definem a família evangélica global[7]. De fato, o movimento pentecostal, com sua ênfase no batismo no Espírito que capacita os crentes a dar testemunho de Cristo, é incompreensível sem elas. Desde o seu início, ficou claro que o movimento pentecostal tinha um caráter inteiramente evangélico[8]. Todos os líderes fundadores do movimento pentecostal compartilhavam essas convicções evangélicas fundamentais.

No capítulo 1, examinaremos com mais detalhes os pontos fortes da combinação teológica que conectou o movimento evangélico nascente, e particularmente seus primeiros líderes fundamentalistas, com o movimento pentecostal que irrompeu

---

[6] Quando se pretende falar mais amplamente de todos os grupos que de alguma forma caracterizam a obra do Espírito por meio dos dons espirituais hoje, sinto que os termos "renovacionista" ou "continuacionista" são particularmente apropriados e úteis.

[7] Embora, por definição, argumente que os pentecostais são evangélicos, ao longo deste livro, por uma questão de conveniência, usarei frequentemente o termo "evangélico" para me referir aos evangélicos não-pentecostais. O contexto irá determinar claramente se meu uso do termo inclui pentecostais ou simplesmente se refere à ala não-pentecostal do movimento evangélico.

[8] Isgrigg demonstra que as Assembleias de Deus (AD), a maior denominação pentecostal do mundo, desde seus primeiros dias, entendeu sua identidade como pentecostal e evangélica. Com base em sua análise da primeira década de existência da AD (1914-1927), Isgrigg rejeita a noção de que a AD foi "cooptada pelo evangelicalismo ou fundamentalismo"; em vez disso, a membresia da AD "se via como um subconjunto de uma família evangélica maior que acreditava em uma doutrina adicional do batismo no Espírito Santo" (Isgrigg, "Pentecostal Evangelical Church", p.11).

no cenário mundial com o dramático Avivamento da Rua Azusa em Los Angeles (1906-1909).

Uma segunda razão pela qual a "amnésia" observada acima é tão surpreendente é que a vasta maioria das denominações, igrejas e crentes pentecostais contemporâneos permanecem solidamente evangélicos. Praticamente todos eles afirmam os pontos doutrinários e se engajam ativamente nas práticas que são tipicamente associadas ao movimento evangélico mencionado acima[9]. Claro, pequenos pontos de diferença, ênfase e ethos podem ser identificados quando qualquer igreja ou tradição é comparada com outra. Isso é verdade para todas as denominações que compõem a grande família de igrejas evangélicas. No entanto, a forte unidade doutrinária que une essas igrejas não deve ser perdida. As igrejas pentecostais, que agora representam a maioria da comunidade cristã evangélica em muitos países ao redor do globo, não são exceção. Quando as amplas definições observadas acima são afirmadas, é evidente que os pentecostais são evangélicos na doutrina e na prática. Aqueles que pretendem argumentar o contrário não entendem o movimento pentecostal ou procuram transformá-lo em uma imagem de sua própria criação[10].

---

[9] Observe a declaração doutrinária da Pentecostal World Fellowship, que pode ser acessada em ww.pentecostalworldfellowship.org. A Wikipedia afirma: "A Pentecostal World Fellowship é uma comunhão de igrejas e denominações pentecostais evangélicas de todo o mundo".

[10] Ver, por exemplo, Castelo, *Pentecostalism as a Christian Mystical Tradition*. Castelo argumenta que os pentecostais não são evangélicos, apesar das aparentes conexões de origens e ethos que esses dois grupos compartilham. Pelo contrário, o pentecostalismo é mais bem entendido como uma forma de misticismo cristão. Castelo argumenta que os pentecostais, ao contrário dos evangélicos que são filhos do modernismo, operam com uma orientação epistemológica pós-moderna que vê a experiência ao invés do pensamento racional como o mais importante para conhecimento e relacionamento com Deus. Infelizmente, Castelo não considera seriamente a história

Procuraremos apoiar essa tese – que o movimento pentecostal é solidamente evangélico e não pode ser entendido à parte dessas convicções evangélicas centrais – nos capítulos que se seguem. Após o capítulo inicial que destaca as conexões históricas e teológicas entre esses movimentos, o esboço do livro segue as convicções enumeradas acima. Isso inclui uma ênfase: na autoridade da Bíblia; na importância de um relacionamento pessoal com Jesus Cristo como Senhor e Salvador; e num compromisso de compartilhar o evangelho com os "perdidos" (Lc 19.10).

Portanto, na Parte II (capítulos 2-4), exploraremos a ênfase na autoridade bíblica e, mais especificamente, os fundamentos bíblicos das doutrinas distintas que marcam o movimento pentecostal. Esta seção demonstrará que a fé e a prática pentecostal fluem da Bíblia. Os cristãos pentecostais são frequentemente retratados como altamente emocionais e motivados pela experiência, mas esta caricatura ignora o fato de que eles são fundamentalmente "pessoas do livro". Embora incentivem a experiência espiritual, fazem isso com um olhar

> pentecostal para apoiar sua tese. Na verdade, virtualmente reconhece que esta descrição dos pentecostais como místicos é mais sua visão de onde os pentecostais devem ir do que uma avaliação histórica precisa (p. XIX). Castelo também falha em tratar o evangelicalismo com seriedade e simplesmente escolhe pessoas representativas e citações para pintar seu retrato dos evangélicos como racionalistas estéreis. Castelo passa a rejeitar e reinterpretar doutrinas centrais e distintivas do movimento pentecostal. O que resta é uma vaga definição dos pentecostais como místicos orientados para a experiência. Desta forma, Castelo não só mina as características essenciais da teologia pentecostal, ele também deturpa seriamente a crença e prática evangélica. Na realidade, os pentecostais de base são muito mais racionais e bíblicos do que Castelo admite e os evangélicos são muito mais experimentais em sua fé e devoção que a caricatura de Castelo permite.

constante nas Escrituras. A Bíblia, e particularmente o livro de Atos, promove e molda a experiência pentecostal. O movimento começou em uma escola bíblica e gerou milhares de escolas bíblicas ao redor do mundo. A natureza bíblica do movimento pentecostal não deve ser esquecida[11].

Além disso, deve-se notar que os teólogos pentecostais fizeram contribuições significativas para a abordagem evangélica e compreensão das Escrituras[12]. Para as gerações anteriores de estudiosos conservadores, a teologia evangélica era em grande parte teologia paulina. A atitude predominante, moldada e consagrada na hermenêutica do passado, era que recorrêssemos a Paulo em busca de teologia (visto que suas epístolas são de caráter didático); os Evangelhos e Atos simplesmente forneceriam os dados históricos brutos para essa reflexão teológica.

Isso inevitavelmente achatou o cânone para nós e, embora talvez tenha tornado a conversa sobre a unidade das Escrituras um pouco mais fácil, também nos cegou para toda a amplitude e riqueza do testemunho bíblico.

Mais recentemente, estudiosos evangélicos, com muitos pentecostais frequentemente liderando o caminho, passaram a dar ênfase no valor teológico e no significado das narrativas bíblicas, especialmente os Evangelhos e o livro de Atos[13]. Essa

---

[11] A pesquisa de Isgrigg desafia a noção de que "a teologia dos primeiros pentecostais era caracterizada pela oralidade e narrativa", pelo menos dentro da AD. "Uma atenção considerável foi dada tanto à definição quanto à defesa da doutrina desde o início" ("Pentecostal Evangelical Church", p. 12, ambas as citações). Veja também Lee, "No começo havia uma teologia".

[12] Para um bom exemplo dessa influência, consulte o excelente livro de Craig S. Keener, *Spirit Hermeneutics*.

[13] Para mais informações, consulte o capítulo 2 e *Spirit and Power*, de Menzies.

nova ênfase abriu portas para estudiosos pentecostais e nos permitiu experimentar novos ventos de reflexão teológica. Os estudiosos e a tradição pentecostal estão demonstrando como a teologia evangélica pode ser enriquecida por uma abordagem mais abrangente, que dê plena voz às narrativas bíblicas e, portanto, a todo o cânon da Escritura[14]. Como resultado, a teologia pentecostal e suas igrejas estão florescendo. Este livro, então, procura ilustrar esse desenvolvimento empolgante.

Os evangélicos são definidos não apenas por seu compromisso com a Bíblia, mas também por sua ênfase no relacionamento pessoal com Jesus Cristo, o Senhor ressurreto e vivo. Essa visão de encontrar e experimentar Cristo como Senhor e Salvador também nos leva ao centro da espiritualidade pentecostal. Em sua essência, o movimento não é centrado no Espírito, mas sim em Cristo. A obra do Espírito, como a entendem, se concentra em exaltar e dar testemunho do senhorio de Cristo.

Os pentecostais ecoam a mensagem apostólica: Jesus é o Senhor. Jesus é aquele que batiza no Espírito. Como veremos, as doutrinas centrais do movimento eram frequentemente resumidas no evangelho quádruplo: Jesus é o Salvador, o Batizador (no Espírito), Aquele que cura e o Rei que vem. Com nossos primos evangélicos, nós, pentecostais, também afirmamos que a fé em Cristo envolve um relacionamento pessoal com o Senhor ressuscitado, Jesus Cristo. Na verdade, em Jesus entramos em uma relação íntima e filial com Deus. João coloca desta forma, nós nos tornamos filhos e filhas de Deus (Jo 1.12). Desta compreensão íntima de nosso relacionamento com o Pai flui uma nova linguagem de oração e adoração, linguagem que expressa

---

[14] Para dados bibliográficos, o leitor interessado pode começar com Mittelstadt, *Reading Luke-Acts in the Pentecostal Tradition*.

nosso senso de "filiação". Jesus modelou este tipo de oração e adoração (Lc 11.1-13; cf. 10.21) e Paulo o descreve lindamente (Rm 8.15-16; Gl 4.6-7). No capítulo 5, "Jesus, intimidade e linguagem", apresentamos uma compreensão e apropriação pentecostal desta ênfase do Novo Testamento na relação íntima com Deus e, consequentemente, na nova linguagem de oração e adoração, tornada possível e modelada por Jesus.

Esta nova linguagem de oração e adoração também chama a igreja para expandir sua compreensão da grande missão de Deus e se engajar na busca global para dar a cada pessoa neste planeta a oportunidade de ouvir o evangelho e adorar a Jesus em sua própria língua materna. A tradução de Lutero da Bíblia para o alemão e seu uso revolucionário do idioma, a língua do povo, em vez de uma linguagem "religiosa" especial, o latim, em hinos e adoração representa um passo inicial importante nesse sentido. Os pentecostais levam essa ênfase no relacionamento pessoal com Deus em Cristo a um passo adiante. Eles afirmam que, como resultado de seu relacionamento com Cristo, os crentes também podem experimentar oração inspirada pelo Espírito e adoração que é proferida na linguagem do céu (1 Co 13.1). Essa experiência também tem implicações missiológicas significativas.

Visto que os pentecostais, como os evangélicos, acreditam que o evangelho se centra em um chamado para entrar num relacionamento pessoal com Jesus Cristo, eles também destacam a importância do evangelismo. A participação ativa na grande missão de Deus, que prioriza o chamado ao arrependimento, receber o gracioso presente de perdão de Deus e se tornar um discípulo de Jesus, não é opcional para os evangélicos. É fundamental para a vida cristã. Os pentecostais também enfatizam a ligação indissolúvel entre discipulado e missões.

Na verdade, argumentaremos no capítulo 6, "Espiritualidade Missional", que eles, com sua nova leitura de Lucas-Atos, oferecem uma visão teológica importante sobre essa compreensão missiológica do discipulado.

Finalmente, concluo com o capítulo 7 apontando o leitor para o que acredito ser o caminho que levará os pentecostais a um futuro brilhante. Apesar dos apelos em contrário, estou convencido de que o movimento pode cumprir seu propósito divino apenas se apegando firmemente à sua herança evangélica.

Este é o caso porque as convicções evangélicas centrais que moldaram a práxis pentecostal fluem do modelo apostólico encontrado no livro de Atos. Nunca devemos esquecer este fato nem perder de vista este modelo apostólico. Como um líder de uma igreja doméstica chinesa declarou há alguns anos: "Atos é o padrão para a missão da igreja. Se nossa igreja não seguir o caminho da igreja primitiva, perderemos nosso caminho"[15].

Este livro, então, é um chamado à lembrança. Ao fazer isso, certamente encontraremos nosso caminho.

---

[15] Minha entrevista de 27 de março de 2014 com Uncle Zheng da Igreja Zhong Hua Meng Fu.

Parte I

Teologia Pentecostal
Suas Origens Evangélicas

Capítulo 1

O *Duradouro Legado*
Teológico De R. A. Torrey
O *Movimento Pentecostal*

Um influente autor e editor de vários volumes de *The Fundamentals* (1910-15) e o superintendente do Moody Bible Institute e do Bible Institute of Los Angeles, R. A. Torrey (1856-1928), foi sem dúvida um dos líderes mais importantes do que agora é denominado movimento fundamentalista[16]. De fato, quando também é lembrado que de 1902 a 1906, Torrey rodou o mundo conduzindo enormes reuniões evangelísticas incomparáveis em tamanho naquela época e que seus muitos livros e panfletos permanecem extremamente populares entre os evangélicos conservadores, R.

---

[16] De acordo com John Fea, o termo "Fundamentalista" não foi usado até 1920 (Fea, "Poder do Alto em uma Era de Impotência Eclesiástica", 24).

A. Torrey pode com razão, nos círculos cristãos, ser chamado de Pai do Fundamentalismo.

No entanto, apesar de seu pedigree impressionante e influência incomparável, neste capítulo argumentarei que o legado mais duradouro e significativo de Torrey não se encontra no movimento fundamentalista. Na verdade, como veremos, esse movimento rejeitou aspectos significativos da mensagem e da hermenêutica de Torrey. O legado teológico verdadeiro e duradouro de Torrey pode ser encontrado em um movimento que estava começando a tomar forma na época de sua morte em 1928, o movimento pentecostal. Embora o próprio Torrey tenha entendido mal e, pelo menos à primeira vista, rejeitado esse movimento, ele é, no entanto, seu herdeiro teológico mais fiel e significativo.

Minha tese para ver Torrey como o Pai do movimento pentecostal em vez do movimento fundamentalista será apresentada em quatro partes: primeiro, revisaremos a compreensão de Torrey dessa cardeal doutrina pentecostal, o batismo com o Espírito Santo; em segundo lugar, examinaremos sua abordagem às Escrituras, sua hermenêutica; terceiro, analisaremos sua resposta ao Avivamento da Rua Azusa (1906-19), o catalisador para "o movimento social de maior sucesso do século passado"[17]; e, finalmente, destacaremos o impacto notável, embora muitas vezes não reconhecido, de Torrey sobre o movimento pentecostal, particularmente em seus estágios de formação.

---

[17] Jenkins, *Next Christendom*, 8.

COMPREENSÃO DE TORREY SOBRE O BATISMO COM O ESPÍRITO SANTO

Vários anos atrás, enquanto folheava os livros da biblioteca do Alliance Bible Seminary, localizada na bela ilha de Cheung Chau em Hong Kong, encontrei o livro de R. A. Torrey, A Pessoa e Obra do Espírito Santo (1910). Como pentecostal, eu sabia que Torrey e outros evangélicos da "Era Dourada"[18], como A. J. Gordon e A. B. Simpson, frequentemente falavam do batismo com o Espírito Santo. No entanto, nunca examinei de perto o que ele realmente disse. Então, quando vi o título deste volume, gasto pelo tempo, mas ainda visível, meu interesse foi despertado. Puxei o livro da prateleira e comecei a ler. Quanto mais leio, mais pasmo fico. A descrição de R. A. Torrey do batismo com o Espírito Santo soou assustadoramente semelhante à minha própria avaliação oferecida em vários livros e periódicos. Senti como se estivesse lendo minhas próprias palavras, meus próprios pensamentos colocados na página. Claramente, tinha encontrado uma alma gêmea.

Sua perspectiva é talvez mais claramente apresentada em seu pequeno livro, *The Baptism with the Holy Spirit* (1895), mas descrições semelhantes aparecem em livros posteriores, *The*

---

[18] "Era Dourada" [Gilded Age], é o termo usado para descrever os anos tumultuados entre a Guerra Civil e a virada do século XX. *The Gilded Age: A Tale of Today*, foi um famoso romance satírico de Mark Twain ambientado no final dos anos 1800 e foi o seu homônimo. Durante essa era, a América do Norte se tornou mais próspera e viu um crescimento sem precedentes na indústria e na tecnologia. ... A Era Dourada foi, em muitos aspectos, o ápice da Revolução Industrial, quando os Estados Unidos e grande parte da Europa passaram de uma sociedade agrícola para uma industrial". Ver https://www.history.com/topics/19th-century/gilded-age. [N. do T.].

Person and Work of the Holy Spirit (1910) e *The Holy Spirit: Who He Is, and What He Does* (1927), bem como seus outros escritos. Os pontos de vista de Torrey sobre este assunto não mudaram ao longo de sua vida e ministério, apesar da pressão considerável para modificá-los ou mudar sua linguagem. O título de sua biografia principal, *R. A. Torrey: Apostle of Certainty*, captura bem sua abordagem confiante, inequívoca e direta[19]. Torrey é certamente claro e sua perspectiva não é difícil de resumir.

Ele começa sua discussão sobre o batismo com o Espírito Santo observando que "há uma série de designações na Bíblia para essa experiência"[20]. Significativamente, todos os termos e exemplos que fornece são encontrados em Lucas-Atos: "cheio com o Espírito Santo" (At 2.4), "a promessa do Pai" (Lc 24.49), "poder do alto" (Lc 24.49), "o dom" (At 10.45), "Cair sobre" (At 10.44) e "receber" (At 10.47) "são todos equivalentes a 'batizados com o Espírito Santo'" (At 1.5; 11.16)[21]. Torrey, então, vai ao cerne de sua descrição do batismo com o Espírito Santo ao fazer três afirmações, que veremos a seguir.

Uma experiência definitiva

Primeiro, Torrey declara que "o batismo com o Espírito Santo é uma experiência definitiva que se pode saber se recebeu ou não"[22]. Mais uma vez, ele se baseia em histórias de Lucas-Atos para apoiar esta declaração (Lc 24.49; At 19.2-6). No entanto, não se pode deixar de ver que esse julgamento também é apoiado

---

[19] Martin, *Apostle of Certainty*.
[20] Torrey, *Baptism*, 13.
[21] Torrey, *Baptism*, 13-14.
[22] Torrey, *Baptism*, 14 (grifo dele).

por sua própria experiência e a de outros líderes influentes de sua época. Charles Finney, D. L. Moody e R. A. Torrey falaram de experiências poderosas do Espírito, momentos em que foram "batizados com o Espírito Santo", com o resultado de que suas vidas e ministérios mudaram dramaticamente. Moody, profundamente ciente de sua falta de poder e desafiado pelas orações e estímulos de duas mulheres membros da Free Methodist Church, foi batizado com o Espírito em 1871. Moody disse a Torrey que esta experiência foi tão avassaladora que ele "teve que pedir a Deus para segurar sua mão, para que ele não morresse na hora de tanta alegria"[23].

Embora, como observa Marsden, Torrey fosse "conhecido por desconfiar de emoções excessivas"[24], ele não hesitou em falar de sua própria experiência. Ele descreve a vinda "ao lugar onde vi que não tinha o direito de pregar até que fosse definitivamente batizado com o Espírito Santo"[25]. Declarou a um amigo que não voltaria ao púlpito "até que fosse batizado com o Espírito Santo e saiba disso". Torrey então se fechou em seu escritório e orou fervorosamente de joelhos, pedindo a Deus que o batizasse. Vários dias se passaram e suas orações não foram respondidas. Ele foi tentado a considerar o que poderia acontecer se o domingo chegasse e ainda não tivesse recebido a promessa. Mesmo assim, decidiu não pregar até que recebesse poder do alto. "Mas", escreve Torrey, "o domingo não veio antes de a bênção chegar"[26]. Aconteceu de uma maneira bem diferente do que esperava. "Foi um momento muito tranquilo, um dos

---

[23] Marsden, *Fundamentalism*, 78.
[24] Marsden, *Fundamentalism*, 130.
[25] Torrey, *Holy Spirit*, 19.
[26] Torrey, *Holy Spirit*, 198.

momentos mais silenciosos que já conheci... Deus simplesmente me disse, não em uma voz audível, mas em meu coração: 'É seu. Agora vá e pregue'... fui e preguei, e tenho sido um novo ministro desde aquele dia até hoje"[27].

Torrey teria mais tarde um encontro mais emocionante e dramático. Estava sentado em seu escritório quando, conforme conta: "Fui jogado da cadeira no chão e comecei a gritar... 'Glória a Deus, glória a Deus, glória a Deus'". Ele afirma que não conseguia parar de gritar. "Tentei parar, mas era como se algum outro poder além do meu estivesse movendo minhas mandíbulas."

Finalmente, depois que conseguiu se recompor, ele foi e contou à esposa o que havia acontecido. Foi claramente uma experiência poderosa e dramática. No entanto, Torrey insistiu que este não era o momento em que foi batizado com o Espírito Santo. Essa experiência aconteceu antes e foi o resultado de sua "fé simples na nua Palavra de Deus"[28].

A doutrina de Torrey e sua experiência neste ponto levantam uma questão crucial. Se o batismo com o Espírito Santo é uma experiência distinta e definível, como saberemos quando o tivermos experimentado? A insistência de Torrey de que devemos recebê-lo por meio da "fé simples" nas promessas de Deus, uma ênfase que perpassa seus escritos, parece ir contra sua afirmação de que o batismo com o Espírito Santo é uma experiência definitiva. Há uma tensão aqui: Simplesmente aceitamos que recebemos a promessa após nossa oração de petição? Ou prosseguimos até sabermos experiencialmente que recebemos o presente? Torrey parece afirmar o último, mas nunca delineia claramente a

---

[27] Torrey, *Holy Spirit*, 198-99.
[28] Torrey, *Holy Spirit*, 199-200.

natureza dessa experiência. Esta tensão entre a aceitação pela fé e a busca por evidências empíricas (uma experiência definitiva) em sua teologia nunca parece ter sido resolvida.

Separado e distinto da regeneração

De acordo com Torrey, o batismo com o Espírito Santo não é apenas uma experiência definitiva, é também "uma obra do Espírito Santo separada e distinta da obra de regeneração"[29]. Ele não negou a obra do Espírito Santo na regeneração, simplesmente insistiu que "ser regenerado pelo Espírito Santo é uma coisa; ser batizado com o Espírito Santo é algo diferente"[30].

Mais uma vez, a afirmação aqui está enraizada em sua leitura do livro de Atos. Ele aponta para a promessa de Jesus em Atos 1.5, "vocês serão batizados com o Espírito Santo, dentro de poucos dias" como tendo sido feita aos discípulos que "já estavam regenerados"[31]. De maneira semelhante, o Pentecostes Samaritano (At 8.12-16) mostra claramente que "alguém pode ser... uma pessoa regenerada, mas não ter o batismo com o Espírito Santo"[32].

Com essas declarações, Torrey ecoa a teologia e a experiência de seu mentor, D. L. Moody, e uma série de outros líderes cristãos do século XIX. A base para distinguir o batismo com o Espírito Santo da conversão e regeneração foi, na verdade, estabelecida anteriormente pelo sucessor de Wesley, John Fletcher. Donald Dayton argumenta que enquanto John

---

[29] Torrey, *Baptism*, 16 (grifo dele). Torrey também descreve o batismo com o Espírito Santo como uma "segunda bênção" (*Baptism*, 18).
[30] Torrey, *Baptism*, p. 16.
[31] Torrey, *Baptism*, p. 16.
[32] Torrey, *Baptism*, p. 17.

Wesley estava relutante em conectar o batismo com o Espírito Santo à santificação por medo de minar sua conexão com a conversão, John Fletcher não estava. Fletcher estava muito mais disposto a usar a terminologia pentecostal com respeito à santificação e, assim, vincular o batismo do Espírito com um momento pós-conversão de inteira santificação[33]. Dayton também observa que essa mudança de ênfase de "batismo e conversão do Espírito" no pensamento de Wesley para "batismo e santificação do Espírito" nos escritos de Fletcher foi ocasionada por uma mudança nos fundamentos exegéticos. "É um fato notável que, apesar do compromisso de Wesley com uma 'restauração' da vida da igreja primitiva, ele raramente se refere ao Livro de Atos"[34]. Fletcher, por outro lado, "traz o Livro de Atos em uma nova proeminência"[35]. Dayton conclui: "Assim, podemos identificar que entre Wesley e Fletcher há uma mudança significativa... de uma basicamente orientação paulina ou joanina para uma orientação lucana"[36].

Essa tendência de falar do batismo com o Espírito Santo com referência a uma experiência pós-conversão ganha impulso nos círculos de santidade na segunda metade do século dezenove. Vários avivalistas proeminentes deste período, especialmente aqueles influenciados pela tradição reformada, também começaram a dar ênfase aos temas e terminologia pentecostal. Charles G. Finney, Dwight L. Moody, A. J. Gordon e A. B. Simpson falaram de um batismo com o Espírito Santo distinto

---

[33] Dayton, *Raízes teológicas do pentecostalismo*, 67-73; Dayton, "Doctrine of the Baptism of the Holy Spirit", 116.
[34] Dayton, *Ibidem*, 106
[35] Dayton, *Ibidem*, 106
[36] Dayton, *Ibidem*, 106

da conversão[37]. No entanto, uma questão crucial permaneceu sem resposta. Qual foi o verdadeiro propósito ou resultado do batismo com o Espírito Santo? Embora, desde Fletcher e cada vez mais nos círculos de santidade no século dezenove, o termo tenha sido associado a uma experiência de santificação, a evidência bíblica para essa interpretação era mínima, na melhor das hipóteses. Quanto mais os avivalistas mencionados acima falavam do Pentecostes e do batismo com o Espírito Santo, mais eram atraídos para o Evangelho de Lucas e Atos dos Apóstolos. Cada vez mais, esse grupo começou a descrever o batismo com o Espírito Santo como uma capacitação pós-conversão que capacitou seu destinatário a ministrar com eficácia, bem como a vencer o pecado. Esta ênfase no "poder para o serviço" estava em inquietante tensão com o foco da santidade na "pureza".

Assim, quando R. A. Torrey publicou seu *Baptism with the Holy Spirit* em 1895, sua apresentação do batismo do Espírito como uma experiência definida, distinta da conversão não foi única. Em vez disso, ele claramente se baseou em uma tradição teológica estabelecida e crescente. No entanto, sua contribuição singular para a discussão torna-se evidente com sua próxima afirmação.

Sempre conectado com testemunho e serviço

Torrey foi inequívoco quanto ao propósito do batismo com o Espírito Santo. "O batismo com o Espírito Santo", declarou, "está sempre ligado ao testemunho e serviço"[38]. Embora a maioria de

---

[37] Dayton, Dayton, "Doctrine of the Baptism of the Holy Spirit", 116.
[38] Torrey, *Baptism*, 17 (grifo dele).

seus contemporâneos sugerisse que o batismo com o Espírito Santo estava pelo menos parcialmente conectado à santificação, Torrey não se desviaria do que identificou como ensino claro do livro de Atos. "Olhe atentamente para cada passagem em que o batismo com o Espírito Santo é mencionado e você verá que está relacionado e tem o propósito de testemunho e serviço (por exemplo, At 1.5, 8; 2.4; 4.31, 33)"[39]. Além disso, observou que, embora "haja uma obra do Espírito Santo de tal caráter que o crente é 'feito... livre das leis do pecado e da morte' (Rm 8.2)", ele declarou enfaticamente, "mas este não é o batismo com o Espírito; nem é a erradicação de uma natureza pecaminosa... é algo que deve ser mantido momentaneamente"[40]. Repetidamente, Torrey enfatiza esse ponto, "O batismo com o Espírito Santo não tem o propósito de purificar do pecado, mas o propósito de capacitar para o serviço"[41].

A especificidade e clareza da visão de Torrey o diferencia de todos de seus contemporâneos[42]. Como já observamos, muitos outros falaram do batismo com o Espírito Santo como uma experiência definida, distinta da conversão. Mas, quase sem exceção, esses colegas conectaram essa experiência de alguma maneira com a santificação. Isso é verdade para Charles G. Finney, A. J. Gordon e A. B. Simpson[43]. A única exceção

---

[39] Torrey, *Baptism*, 17-18.
[40] Torrey, *Baptism*, 19.
[41] Torrey, *Baptism*, 18, e também novamente na p. 19.
[42] Gilbertson, *Baptism of the Holy Spirit*, 197: com referência ao impacto ou sinal de Batismo do Espírito, Gilbertson escreve, "Outros [em contraste com Moody e Torrey]...tendem a se concentrar na capacidade recém-descoberta do crente de levar uma vida santa".
[43] Gilbertson, *Baptism of the Holy Spirit*, 145-92; Gresham, *Charles G. Finney's Doctrine*, 86.

possível é D. L. Moody, mas Moody não apresentou suas próprias visões sobre o assunto de maneira clara, fundamentada e sistemática. Na verdade, Dayton observa que Moody relutava "em falar abertamente sobre [sua própria] experiência"[44], embora com frequência incentivasse Torrey a pregar e ensinar sobre este tópico[45]. Este último ponto sugere que Moody concordou em geral com o entendimento mais estreito e focado de Torrey sobre o batismo com o Espírito Santo.

Torrey qualificou sua compreensão "poder para o serviço"[46] do batismo de forma determinada. Ele reconheceu que "este poder não se manifestará precisamente da mesma maneira em cada indivíduo"[47]. Aqui ele se afasta de seu fundamento exegético normal baseado em Lucas-Atos, e muda para a discussão de Paulo sobre os dons do Espírito em 1 Coríntios 12. Torrey aponta para a ênfase de Paulo na diversidade de dons (1 Co 12.4, 8-11) e observa que o Espírito Santo "nos comunicará o poder que nos qualificará para o campo que Ele escolheu [para nós]"[48]. Em sua opinião, nem todos são chamados para ser pregadores, evangelistas ou missionários. No entanto, todos são chamados a dar testemunho de Cristo e servir de várias maneiras. Se quisermos cumprir os propósitos de Deus para nossas vidas e servir eficazmente, precisamos ser batizados com o Espírito Santo. Pois "enquanto o poder que o batismo com

---

[44] Dayton, *Dayton*, "Doctrine of the Baptism of the Holy Spirit".
[45] Martin, *Apostle of Certainty*, 116, e Marsden, *Fundamentalism*, 79.
[46] Torrey, *Baptism*, 20: "O batismo com o Espírito Santo confere poder, poder para serviço".
[47] Torrey, *Baptism*, 20.
[48] Torrey, *Baptism*, 24.

o Espírito Santo traz se manifesta de maneiras diferentes em indivíduos diferentes, sempre haverá poder"[49].

A ênfase de Torrey no batismo do Espírito como a fonte de diversos dons o levou a rejeitar o falar em línguas como seu sinal normativo. Torrey escreve:

> Em meu estudo inicial sobre o batismo com o Espírito Santo, notei que nas Escrituras, em muitos casos, aqueles que foram batizados "falavam em línguas". A questão me vinha frequentemente à mente: "Se alguém é batizado com o Espírito Santo, não falará [necessariamente] em línguas? Mas não vi ninguém falando e muitas vezes me perguntei: "Há alguém hoje que realmente é batizado com o Espírito Santo?", quando me deparei com Paulo perguntando àqueles que foram batizados com o Espírito Santo: "Falam todos em línguas?" (1 Co 12.30)[50].

Torrey escreveu essas palavras em 1895, bem antes dos eventos milagrosos que acompanharam o avivamento da Rua Azusa (1906-1909). Durante essas reuniões notáveis, milhares relataram que foram batizados com o Espírito Santo e falaram

---

[49] Torrey, *Baptism*, 24 (itálico meu). O mesmo ocorre com as pp. 25-26: "O batismo com o Espírito Santo é o Espírito de Deus vindo sobre o crente, tomando posse de suas faculdades, concedendo-lhe dons que não são naturalmente seus, mas que o qualificam para o serviço de que Deus o chamou".

[50] Torrey, *Baptism*, 20-21. Moody também aconselhou: "Você não deve procurar nenhum sinal ... apenas continue pedindo e esperando pelo poder" (Moody, *Question Drawer*, 204-5).

em línguas. Só podemos nos perguntar se Torrey poderia ter respondido de forma diferente se ele tivesse, nesta fase de sua vida, contato pessoal com esses pentecostais modernos.

A HERMENÊUTICA DE TORREY

Argumentei que o entendimento de Torrey sobre o batismo com o Espírito Santo era, por um lado, baseado em uma tradição teológica em desenvolvimento. Na "Era Dourada", descrever o batismo do Espírito como uma experiência definida, distinta da conversão, não era particularmente surpreendente ou uma novidade. Aqui, Torrey estava na companhia de um número crescente de pregadores e avivalistas de santidade daqueles anos. No entanto, por outro lado, ele ofereceu algo único. Com sua descrição firme e focada do batismo do Espírito como "poder para o serviço", Torrey rompeu com um grande número daqueles que consistentemente interpretavam essa experiência, geralmente utilizando categorias wesleyanas ou de santidade, como parte integrante da santificação. Embora alguns tenham destacado o poder para o serviço como resultado do batismo com o Espírito Santo, eles inevitavelmente também associam isso à santificação ou santidade. Nesse aspecto, Torrey foi único[51].

Como costuma ser o caso com as inovações, particularmente nos círculos teológicos, a perspectiva de Torrey recebeu uma recepção fria de muitos de seus colegas. Embora, como

---

51 A Moody também pode ser considerada excepcional a esse respeito. No entanto, enquanto Moody enfatizou "poder para o serviço", ele usou o termo "batismo do Espírito Santo", com moderação. Richard Gilbertson sugere que "ele preferiu evitar este termo mais polêmico" (Gilbertson, *Baptism of the Holy Spirit*, 158).

vimos, alguns se sentiram confortáveis em descrever o batismo do Espírito como uma "segunda bênção", muitos outros acreditaram que se referia a uma incorporação do crente no corpo de Cristo, o momento da regeneração.

Outro grupo limitava o batismo com o Espírito para a era apostólica. Em uma ocasião, Moody pediu a Torrey para falar com um grupo de professores na Conferência Bíblica de Northfield, o campus da Moody Center, no estado norte-americano de Massachusetts[52]. Eles falaram por horas com esses homens que se opunham a Torrey em sua compreensão do batismo do Espírito. No entanto, como disse Torrey, "eles não concordavam totalmente conosco". Quando os homens finalmente começaram a sair, Moody sinalizou para Torrey permanecer no local. Torrey descreveu a cena:

> O Sr. Moody ficou sentado com o queixo apoiado no peito, como fazia tantas vezes quando estava em pensamentos profundos; então ele olhou para cima e disse: "Oh, por que eles querem dividir um fio de cabelo? Por que não veem que isso é apenas a única coisa de que eles próprios precisam? Eles são... maravilhosos professores, e estou muito feliz por tê-los aqui; mas por que não veem que o batismo com o Espírito Santo é apenas um toque daquilo que eles próprios precisam?"[53]

---

[52] Em 1879, Moody estabeleceu o Northfield Conference Grounds em sua cidade natal, Northfield, no estado de Massachusetts. Este campus hospedava conferências bíblicas regulares.

[53] R.A. Torrey, *Why God Used D. L. Moody* (versão digital), loc. 1383-1392 (ambas as citações). Veja também Martin, *Apostle of Certainty*, 117-18.

Sem dúvida, muitas das objeções expressas por este grupo de professores em Northfield foram repetidas por outros nos anos seguintes. Na verdade, podem ainda ser ouvidas hoje. No entanto, apesar da oposição e controvérsia significativas, ao longo de sua vida, Torrey permaneceu firme em suas convicções a respeito do batismo com o Espírito Santo. O que o habilitou a falar com tanta confiança e convicção? Como ele foi capaz de forjar um novo caminho teológico? A resposta pode ser encontrada no inabalável compromisso com a Escritura e, mais particularmente, em sua hermenêutica. Eu gostaria de destacar quatro aspectos da hermenêutica de Torrey que o permitiu falar com confiança e dar sua contribuição única.

Foco em Lucas-Atos

Um dos principais motivos para a capacidade de Torrey de descrever com clareza e confiança o batismo com a natureza, propósito e disponibilidade do Espírito Santo, é seu foco nos dois volumes de sua obra sobre Lucas. A adesão de Torrey aos principais textos lucanos para sua análise do batismo do Espírito é impressionante e bastante original[54]. Como Donald Dayton indica, no século dezoito, a ênfase wesleyana em uma "segunda bênção" associada à santificação ganhou impulso desde que John Fletcher, que ao contrário John Wesley, começou a se basear cada vez mais em Lucas-Atos e usar a linguagem pentecostal para descrever esta experiência[55]. Esta conexão entre uma

---

[54] Simpson, por exemplo, vinculou o dom pentecostal às promessas da nova aliança de Jr 31.31–34 e Ez 36.25-28; enquanto Rm 7-8 e Gal 3.2,14 eram comumente usados pelos professores de Keswick para descrever o dom (Gilbertson, *Baptism of the Holy Spirit*, 73-77, 195, 212).

[55] Dayton, *Raízes teológicas do pentecostalismo*, Editora Carisma.

"segunda bênção" e os textos pentecostais de Lucas provaram ser problemáticos, visto que esses textos não se harmonizam bem com o tema da santificação. Como resultado, a grande maioria dos ministros avivalistas do movimento de santidade do século XIX, que pregavam sobre o batismo do Espírito e a obra do Espírito, o fizeram usando textos paulinos (e, às vezes, joaninos) à medida que buscavam desenvolver aspectos do tema da santificação.

Privilegiar os textos de Paulo foi e tem sido por algum tempo característico da teologia protestante, particularmente a dos conservadores e reformados de várias vertentes. As grandes verdades da Reforma foram amplamente fundamentadas nas cartas do apóstolo. A terminologia, "justificação pela fé", denota Paulo. Então, seguindo a liderança de Lutero, Calvino e os outros reformadores, as igrejas protestantes têm dado ampla ênfase às epístolas paulinas como seus textos principais[56].

Essa tendência para elevar Paulo em grande medida foi transmitida aos filhos desses conservadores da "Era Dourada", os evangélicos modernos. Em outro lugar, descrevi como os evangélicos, em uma reação instintiva aos estudos liberais que desafiavam a confiabilidade histórica dos escritos de Lucas, rejeitaram a noção de que Lucas era um teólogo[57]. Os evangélicos sustentavam que Lucas e os outros escritores dos Evangelhos não eram teólogos; mas historiadores. Nos círculos evangélicos, qualquer discussão sobre o propósito teológico

---

[56] Kenneth J. Archer observa que os dispensacionalistas também não enfatizaram os Evangelhos e elevaram as epístolas porque, em sua opinião, enquanto as epístolas foram escritas para a igreja, os Evangelhos foram escritos para a vida no futuro reino milenar (Archer, *Pentecostal Hermeneutic*, 57).

[57] Ver Menzies, *No poder do Espírito*. Natal: Editora Carisma, 2020, 49-61.

de Lucas e sua narrativa foi silenciada. Os Evangelhos e Atos eram vistos como registros históricos, não relatos que refletiam preocupações teológicas autoconscientes.

Esta abordagem de fato criou um cânon dentro do cânon e, por dar a Paulo um lugar de destaque como o "teólogo" do Novo Testamento, teve um significativo efeito paulinizante na teologia evangélica. Os evangélicos estão apenas começando a aceitar o significado teológico das narrativas bíblicas.

Torrey, ao se concentrar quase exclusivamente em Lucas-Atos, foi capaz de evitar a ambiguidade e confusão causada pela tensão entre os textos pentecostais de Lucas e a ênfase paulina no papel do Espírito na santificação delineada acima. Com relação ao batismo com o Espírito Santo, Torrey fez o oposto do que muitos evangélicos fazem hoje. Ele definiu a experiência à luz dos textos de Lucas e leu 1 Coríntios 12, incluindo 1 Coríntios 12.13, à luz desta perspectiva lucana[58]. O resultado foi uma compreensão muito clara e focada do batismo, harmonizada lindamente com ênfase no papel do Espírito Santo no contínuo processo de santificação na vida de cada crente. Torrey foi capaz de ver que essas duas dimensões da obra do Espírito, a primeira claramente articulada por Lucas e a última por Paulo, não precisam ser confundidas. O resultado, eu diria, foi uma articulação fiel e clara de uma importante verdade bíblica. Isso explica o notável interesse nas mensagens de Torrey sobre o batismo com o Espírito

---

[58] Ver Torrey, *Holy Spirit*, 117-19; *What the Bible Teaches*, 322; e *Baptism*, 120-26. Para uma perspectiva pentecostal da pneumatologia de Paulo e como ela se relaciona com a de Lucas, veja Menzies, *No poder do Espírito*. Natal: Editora Carisma, 2020, 153-69.

Santo em sua época, bem como o contemporâneo apelo de seus escritos, que permanecem extremamente populares[59].

Continuidade na História da Salvação

Como resultado de seu interesse em Lucas-Atos, Torrey também afirmou que o poder e os dons do Espírito estão disponíveis para os cristãos contemporâneos. Ele foi inflexível nesse ponto. Com base em Atos 2.39, declarou: "O batismo com o Espírito Santo é o direito de primogenitura de todo crente"[60]. O batismo, de acordo com Torrey, não está apenas disponível, mas é essencial para um serviço eficaz. Portanto, ele afirma o efeito lógico: "Se posso ser batizado com o Espírito Santo, *tenho* de ser"[61]. Além disso, com palavras que refletem sua própria experiência, insiste: "Qualquer homem que esteja no trabalho cristão que não tenha recebido o batismo com o Espírito Santo deve interromper sua obra exatamente onde ele está e não prosseguir até que seja 'revestido' com poder do alto"[62].

---

[59] Moody constantemente pedia a Torrey para pregar sobre o batismo com o Espírito Santo. Tanto que Torrey certa vez questionou: "Sr. Moody, o senhor não acha que eu tenho algum sermão além daqueles dois?" Os dois sermões mencionados aqui são "Dez razões pelas quais acredito que a Bíblia é a Palavra de Deus" e "O batismo com o Espírito Santo". Veja Torrey, *Why God Used D. L. Moody*, loc. 1396-405.

[60] Torrey, *Person and Work of the Holy Spirit*, 151.

[61] Torrey, *Baptism*, 35 (grifo dele).

[62] Torrey, *Baptism*, 31. Enquanto Torrey deu ênfase ao ensino de que o batismo com o Espírito Santo é uma experiência definitiva, ele também viu que essa experiência tem um caráter repetitivo ou contínuo: "Não é suficiente que alguém seja cheio do Espírito Santo uma vez . Precisamos de um novo enchimento do Espírito Santo para cada nova emergência do serviço cristão" (Torrey, *What the Bible Teaches*, 331, and *Baptism*, 67-70).

Certamente, Torrey não era um cessacionista. Ele aponta para a unção de Jesus com o Espírito no rio Jordão como um modelo para os crentes hoje. "Se foi no poder do Espírito Santo que Jesus Cristo, o unigênito Filho de Deus, viveu, trabalhou e triunfou, quanto mais nós dependemos Dele"[63]. Na verdade, "O mesmo Espírito pelo qual Jesus era ungido para o serviço está à nossa disposição para sermos ungidos para o serviço... Tudo o que Ele realizou por meio do Espírito Santo está lá para nós também realizarmos"[64].

Mais uma vez, os textos-chave que Torrey cita com respeito à unção de Jesus para o serviço são de Lucas-Atos: Lucas 3.21-22; 4.1, 14, 18 (citando Is 61.1); e Atos 10.38[65]. A estrutura de Lucas-Atos, particularmente os paralelos entre o sermão de Jesus em Nazaré e o sermão de Pedro no Pentecostes (cf. Lc 4.16-21; At 2.16-21), apoia as conclusões de Torrey[66], embora esta observação não seja explicitamente desenvolvida por ele.

À luz da ordem de Jesus de esperar pelo "poder do alto" (Lc 24.49; cf. At 1.4-5) e a prática da igreja primitiva de orar imediatamente para que novos crentes sejam batizados com o Espírito (At 8.12-17; 19.1-6)[67], Torrey insiste que, todo filho de Deus está sob a mais solene obrigação de providenciar para que definitivamente receba o Espírito Santo, não apenas como um poder regenerador e como uma presença interior, mas como

---

[63] Torrey, *What the Bible Teaches*, 343. Torrey também declara que Jesus "operou seus milagres no poder do Espírito Santo" (p. 342).

[64] Torrey, *What the Bible Teaches*, 343.

[65] Torrey, *What the Bible Teaches*, 340-41. Veja também Torrey, *Holy Spirit*, 139-41.

[66] Menzies, *Pentecost*, 52-55.

[67] Torrey, *Holy Spirit*, 137 (para Lucas 24.49) e p. 141 (para Atos 8.12-17; 19.1–6).

um revestimento definitivo de poder, antes de se comprometer com qualquer tipo de serviço para Deus[68].

Tudo isso aponta para o fato de que Torrey viu uma continuidade considerável entre, por um lado, o ministério de Jesus e a igreja primitiva, conforme registrado em Lucas-Atos, e, por outro lado, o dos crentes de hoje. Esta ênfase na continuidade, que flui naturalmente de uma leitura cuidadosa de Atos 2.17-22[69], encorajou Torrey não apenas a destacar a disponibilidade do batismo com o Espírito Santo, mas também o desafiou a praticar e esposar a cura divina e viver pela fé[70]. Página 15

Nossas promessas e histórias

Uma das características mais marcantes da hermenêutica de Torrey é a maneira como ele lê o Novo Testamento, e especialmente o livro de Atos, com um forte senso de expectativa, antecipando que o texto contém promessas e preceitos para o leitor contemporâneo. O estilo retórico e literário de Torrey foi criticado por alguns como seco e vazio de qualquer traço de emoção. Grant Wacker oferece uma descrição pitoresca, mas contundente: "Sempre impecavelmente vestido, Torrey ganhou uma reputação de sermões tediosamente exegéticos e sem humor – uma reputação bem-merecida se a gravidade incessante de seus quarenta e tantos livros for qualquer indicação"[71].

---

[68] Torrey, *Holy Spirit*, 141.
[69] Menzies, "*Acts 2.17-21: A Paradigm for Pentecostal Mission*," 200-218. Veja também o capítulo 6.
[70] Waldvogel, "Reformed Evangelical Contribution", 9. Para Torrey sobre viver pela fé, ver Gloege, *Guaranteed Pure*, 82-84. Abaixo devemos examinar com mais detalhes as opiniões de Torrey sobre cura divina.
[71] Wacker, "*Spirit of the Age*", 51.

George Marsden não é menos sarcástico quando oferece a avaliação de William McLoughlin sobre Torrey: "Na rua, ele geralmente usava chapéu alto e sempre falava como se estivesse usando um"[72]. Pode ser verdade que Torrey era "quase imune à persuasão emocional" e apenas "influenciada pelo elemento lógico da razão fria"[73]. Não obstante, acho os sermões e escritos de Torrey emocionantes, cheios de discernimento e edificação. Isso sem dúvida se deve, em parte, à sua apresentação lógica, direta e clara do significado dos textos bíblicos. Kenneth Archer sugere que Torrey, como muitos outros de sua época, incluindo a maioria dos pentecostais, utilizou "o método de leitura da Bíblia" para formular a doutrina. Este método "encorajou os leitores a traçar tópicos nas Escrituras e, em seguida, sintetizar os dados bíblicos em uma doutrina"[74]. Embora essa descrição seja precisa até certo ponto – certamente Torrey gostava de formular proposições e organizar de forma ordenada os textos bíblicos nos quais foram baseadas – já que seu método de diferia de muitos de seus contemporâneos de várias maneiras significativas. Já observamos a maneira como sua discussão sobre o batismo com o Espírito Santo se centrou em Lucas-Atos e destacou conexões importantes entre o Evangelho de Lucas e o livro de Atos. Dessa forma, pode-se argumentar que Torrey antecipou *insights* que seriam mais tarde associados à crítica da redação[75]. Além

---

[72] Marsden, *Fundamentalism*, 47, citando McLoughlin, *Modern Revivalism*, 371.

[73] Marsden, *Fundamentalism*, 47. Ambas as citações são encontradas em Marsden, mas a segunda citação é citada como proveniente de Harkness, *Reuben Archer Torrey*, 10.

[74] Archer, *Pentecostal Hermeneutic*, 82

[75] No estudo da literatura bíblica, crítica da redação é o método de crítica da bíblica que examina a maneira como as várias peças da tradição do

disso, ao destacar a forte continuidade que ligava o ministério de Jesus e a igreja primitiva aos cristãos contemporâneos, ele rompeu com a perspectiva reformada tradicional.

No entanto, o aspecto da hermenêutica de Torrey que considero mais convincente, mesmo que não seja inteiramente novo, é o forte senso de expectativa que permeia seus escritos, uma abordagem do texto que destaca sua relevância para o leitor contemporâneo[76]. Esta última qualidade, esse senso de identificação com o texto, espelha as abordagens pentecostais da Escritura. Torrey, como os primeiros pentecostais, lia a Bíblia e, particularmente, a narrativa de Atos com seu relato do derramamento pentecostal do Espírito Santo (At 2) como modelo para a vida e ministério cristão contemporâneo. Ele entendeu que a Bíblia estava cheia de ricas promessas e instruções sábias. Também entendeu que as histórias bíblicas são de fato nossas histórias, escritas para nossa edificação e encorajamento. Portanto, Torrey nos ajuda a ler a Bíblia com grande expectativa. Simplesmente precisamos ler com olhar atento e aberto. E ao fazermos isso, as promessas e histórias se tornam nossas: promessas do poder do Espírito Santo, histórias de Deus capacitando discípulos comuns a fazer coisas extraordinárias para sua glória.

Antigo e Novo Testamentos foram reunidas na composição literária final do texto atual por um autor ou editor. A disposição e modificação dessas peças, de acordo com os proponentes deste método, podem revelar algo sobre as intenções do autor e os meios pelos quais ele esperava alcançá-las. [N. do T.].

[76] Gloege fala do "entendimento contratual de Torrey da Bíblia" e afirma que "Torrey poderia interpretar quase todas as passagens como uma promessa feita a ele pessoalmente." E acrescenta: "A Bíblia de Torrey não era principalmente um livro de ciência, teologia, ética ou poesia, mas um texto vivo" (*Guaranteed Pure*, 79 e 80 respectivamente).

Torrey em *Falando em línguas*

Observamos que Torrey acabou rejeitando falar em línguas como o sinal normativo do batismo do Espírito[77]. Isso é surpreendente porque, em vista das convicções teológicas e da abordagem hermenêutica delineadas acima, esperaríamos que ele aceitasse essa afirmação[78]. Charles Parham afirmou línguas como o sinal do batismo do Espírito apenas alguns anos depois[79]. Seu aluno, William Seymour, se tornou o fósforo que acendeu o avivamento da Rua Azusa[80]. No mínimo, esperaríamos que Torrey apoiasse ou simpatizasse com o emergente movimento pentecostal, especialmente porque se tornou proeminente em Los Angeles quando ele residia lá[81]. Como vizinhos, dada sua proximidade teológica, era de se esperar um relacionamento caloroso. Como veremos, não foi esse o caso.

A resposta de Torrey neste ponto é perplexa e merece análise. No início, devemos notar que sua rejeição de línguas como um sinal normativo parece estar em tensão com sua teologia e hermenêutica em vários pontos. Primeiro, já vimos como ele apresenta Jesus e a igreja primitiva como modelos para a

---

[77] Torrey, *Baptism*, pp. 20-21.
[78] Assim também Gloege observa: "A prática de falar em línguas era a característica mais emblemática e controversa do Pentecostalismo, mas mesmo esta, pelo menos em sua forma original, era simplesmente a crença subjacente de Torrey no Batismo do Espírito levado ao seu fim lógico " (*Guaranteed Pure*,, 132).
[79] Synan, *Century*, 42-45.
[80] Synan, *Century*, 46-61.
[81] Torrey mudou-se para Los Angeles em janeiro de 1912 (Martin, *Apostle of Certainty*, 226). Embora isso tenha ocorrido alguns anos após o momento alto do Avivamento da Rua Azusa, Los Angeles continuou a ser um centro do ministério pentecostal.

igreja de hoje. Dada a maneira como ancora seu entendimento do batismo com o Espírito no livro de Atos, pareceria natural conectar as línguas com essa experiência como os pentecostais que o seguiram.

Em segundo lugar, sua ênfase no batismo do Espírito como "uma experiência definida que se pode saber se recebeu ou não"[82], parece exigir virtualmente este tipo de afirmação. Suas opiniões podem ter suavizado um pouco nesse ponto ao longo dos anos. Em sua última obra sobre o Espírito Santo, *Holy Spirit: Who He Is, and What He Does* (1927), Torrey fala de duas maneiras pelas quais os crentes podem saber que foram batizados com o Espírito: "Primeiro, pelas claras declarações da Palavra de Deus e, em segundo lugar, pela experiência"[83]. Ele qualifica esta declaração ao afirmar que "conhecer pela Palavra de Deus é uma forma mais segura do que conhecer pela experiência"[84]. Algumas páginas depois, Torrey levanta a questão: "Não haverá nenhuma manifestação do Batismo com o Espírito Santo quando estivermos assim batizados?"[85] Sua resposta é afirmativa, mas vaga: "Qual foi a manifestação em todos os casos registrados na Bíblia? Algum novo poder no serviço"[86]. Ele também sugere que esse "novo poder" pode não ser imediatamente evidente. A sequência é: "promessa de Deus", "nossa fé" e, por último, "experiência"[87]. Tudo isso

---

[82] Torrey, *Baptism*, 14 (grifo dele).
[83] Torrey, *Holy Spirit*, 192.
[84] Torrey, *Holy Spirit*, 193.
[85] Torrey, *Holy Spirit*, 195.
[86] Torrey, *Holy Spirit*, 196 (ênfase dele, Torrey coloca essas palavras em maiúscula).
[87] Torrey, *Holy Spirit*, 197.

revela uma tensão na posição de Torrey que nunca é resolvida de forma adequada. Ele afirma que o batismo do Espírito é uma experiência definida, verificável, e ainda assim nenhuma descrição clara ou específica dessa experiência está disponível. Na verdade, em seus últimos anos, parece suavizar suas afirmações anteriores de uma experiência imediata e verificável. Como saberemos que fomos batizados no Espírito? A pergunta nunca foi respondida adequadamente[88].

Talvez essa questão não resolvida ajude a explicar uma curiosa mudança na teologia e na prática. Durante os primeiros anos no Moody Bible Institute e nas Northfield Bible Conferences, Moody e Torrey convocavam rotineiramente a assembleia reunida para orar pelo batismo com o Espírito Santo[89]. O relato de uma testemunha ocular descreve como Moody e Torrey "colocavam em fila os alunos do Bible Institute, caminhavam atrás deles e lhes impunham as mãos sobre cada um, dizendo: 'Recebei o Espírito Santo'"[90]. Essa prática e a teologia que a apoiava foram rapidamente descartadas após a partida de Torrey. Aqueles que receberam, agiram e transmitiram o ensino de Torrey sobre o batismo do Espírito, mas agora com a adição de línguas como sinal de evidência, foram os pentecostais.

---

[88] Argumentei em outro lugar que a narrativa de Lucas (ver especialmente Lucas 11.9-13; Atos 19.1-7) antecipa essa pergunta. Veja Menzies, *Glossolalia*, 37-52.

[89] Torrey, *Why God Used D. L. Moody*, loc. 1396-405; e *Holy Spirit*, 200-201.

[90] Horton, *Reflections of An Early American Pentecostal*, 12 (conforme descrito pela avó de Horton). Gloege compartilha outro relato em primeira mão de "uma vigília de oração que durou toda a noite, destinada a ajudar alunos [e alunas] a alcançarem o Batismo do Espírito Santo" (*Guaranteed Pure*, 93-94).

Finalmente, Torrey reconhece que foi inicialmente atraído para a proposição pentecostal de que falar em línguas é o resultado e sinal confirmatório do batismo com o Espírito Santo[91]. No entanto, sua própria falta de experiência com o falar em línguas, tanto pessoalmente quanto na vida daqueles que conhecia, levaram-no a questionar esta doutrina. Como resultado, descobrimos que ele se desviou de sua prática normal de privilegiar Lucas-Atos e, em um movimento hermenêutico atípico, interpreta o significado da narrativa de Atos à luz de uma leitura questionável de 1 Coríntios 12.30[92].

Resumo

Destacamos como a hermenêutica de Torrey foi, em muitos aspectos, única. Ele privilegiou Lucas-Atos e vinculou o Evangelho de Lucas ao livro de Atos em suas descrições do batismo com o Espírito Santo. Viu uma continuidade significativa entre a experiência da igreja primitiva e a dos cristãos contemporâneos, particularmente em sua recepção do poder do Espírito para dons ministeriais e milagres. Finalmente, Torrey leu a Bíblia, e especialmente Atos, como um tesouro de promessas e histórias que ofereciam riquezas incalculáveis para aqueles que estavam dispostos a recebê-las pela fé.

---

[91] Torrey, *Baptism*, 21: "Frequentemente me vinha à mente a pergunta: 'Se alguém é batizado com o Espírito Santo, não falará em línguas?' Mas não vi ninguém falando assim e muitas vezes me perguntei: 'Há alguém hoje que realmente seja batizado com o Espírito Santo?'."

[92] Para as respostas pentecostais à leitura de Torrey de 1 Cor 12.30, ver Horton, "Review of R.A. Torrey, *The Person and Work of the Holy Spirit*," 29-30; Smeeton, "Charismatic Theology of R.A. Torrey," 21; Menzies, *Glossolalia*, Capítulo 5.

Essa abordagem de leitura da Bíblia repercutiria bem nas numerosas igrejas pentecostais que logo seriam estabelecidas. Este foi especialmente o caso na ala reformada (com referência à santificação) do movimento, que hoje talvez seja mais bem representado pelas Assembleias de Deus[93]. No entanto, apesar das estreitas afinidades que uniam a teologia e a hermenêutica de Torrey com o movimento pentecostal emergente, ele rejeitou uma de suas doutrinas cardeais (as línguas como um sinal normativo) e o movimento como um todo. Isso é particularmente surpreendente, pois logo antes do catalisador do movimento pentecostal, o Avivamento da Rua Azusa, Torrey falou com grande paixão sobre a vinda de um grande avivamento. Em seu leito de morte em 1899, Moody expressou seu pesar por não estar vivo para ver o grande avivamento que estava por vir[94]. No sermão do funeral de Moody, "um anel profético caracterizou suas palavras"[95], Torrey baseou sua mensagem em Josué 1.2, "Moisés, meu servo, está morto. Prepare-se, agora, e passe este Jordão, você e todo este povo", e declarou: "A morte [de Moody], com as cenas triunfais que a cercam, são parte da maneira de Deus responder às orações que foram acontecendo por tanto tempo em nossa terra por um avivamento"[96]. No rastro do funeral de Moody, uma série de reuniões de oração por avivamento foram realizadas por Torrey e os líderes do Moody Bible Institute. Em novembro de 1900, poucas semanas antes

---

[93] Com sessenta e nove milhões de membros em todo o mundo, as Assembleias de Deus são a maior denominação pentecostal do mundo (ag.org, acessado em 20 de julho de 2018).
[94] Martin, *Apostle of Certainty*, 129.
[95] Martin, *Apostle of Certainty*, 129.
[96] Martin, *Apostle of Certainty*, 130.

do início do avivamento pentecostal em 1º de janeiro de 1901 na escola bíblica de Parham em Topeka, Kansas, com um derramamento do Espírito marcado pelo falar em línguas, Torrey exclamou: "Tenho esperado um grande avivamento explodir por todo o país"[97]. Ainda assim, quando o fogo do Pentecostes caiu em Topeka, Los Angeles, e em diferentes lugares do mundo, Torrey não pôde aceitá-lo como o avivamento que buscava. Por que foi esse caso? O que levou Torrey a rejeitar um movimento que certamente foi encorajado e talvez estabelecido como resultado de seus ensinamentos?[98] Na seção seguinte, procuraremos responder a essa pergunta.

A RESPOSTA DE TORREY AO MOVIMENTO PENTECOSTAL

Torrey foi descrito certa vez como um "pugilista" teológico[99]. Embora esta avaliação possa não dar suficiente atenção aos desafios únicos que ele enfrentou, penso aqui particularmente na ascensão do modernismo e do liberalismo teológico, a resposta de Torrey ao emergente movimento pentecostal não foi excessivamente generoso. Ele ofereceu sua avaliação em uma coluna regular, "Perguntas e Respostas", que escreveu para o *The King's Business*, uma publicação associada ao Instituto Bíblico de Los Angeles. Na edição de julho de 1913 de *The King's Business*, Torrey respondeu à pergunta: "O presente 'Mo-

---

[97] Martin, *Apostle of Certainty*, 132.
[98] A natureza da influência de Torrey sobre Charles Parham e William Durham são tópicos de importância para pesquisas históricas futuras.
[99] Wacker, "*Spirit of the Age*", 51.

vimento das Línguas' é de Deus?"[100]. A forma como a questão é formulada mascara os pontos fortes de concordância que uniram Torrey ao movimento pentecostal e destaca a área de desacordo. Previsivelmente, sua resposta foi negativa.

A resposta concisa à pergunta: "Não é", no seu bom estilo, é apoiada por sete afirmações. A primeira reafirma sua posição de que o batismo com o Espírito Santo fornece poder para o serviço por meio de uma ampla gama de dons (1 Co 12.4-11) e que a pergunta retórica de 1 Coríntios 12.30, "Todos falam em línguas?", que antecipa uma resposta negativa, afirma o assunto com clareza. Assim, ele conclui que o ensino pentecostal sobre as línguas "contradiz o ensino claro da Palavra de Deus"[101]. A segunda e a terceira afirmações fazem a acusação de que os pentecostais retratam as línguas como "a mais importante de todas as manifestações da presença e poder do Espírito", enquanto na realidade, o dom de línguas é um dos dons menos proveitosos, e os crentes são encorajados a buscar os "dons maiores", que se referem a dons como a profecia e claramente não as línguas[102]. Com seu quarto ponto de discórdia, Torrey repreende pentecostais por permitirem que línguas não interpretadas e desordem reinem nas reuniões corporativas. Ele cobra:

> Agora, nas reuniões do povo de "línguas", frequentemente muitos falam em línguas em uma única reunião; muitas vezes, vários falam em línguas ao

---

[100] Torrey, "Questions and Answers", *The King's Business* (julho de 1913), 360-62. Esse artigo apareceu mais tarde com o mesmo título de um tratado.
[101] Torrey, *King's Business* (julho de 1913), 360.
[102] Torrey, *King's Business* (julho de 1913), 360 (ambas as citações).

mesmo tempo, e falam em línguas mesmo quando não há ninguém presente para as interpretar. Nesses assuntos, eles desobedecem a Deus da maneira mais inconfundível.[103]

É de se perguntar se o próprio Torrey testemunhou esse tipo de comportamento ou se ele ouviu falar disso de terceiros. Embora reconhecidamente ocorresse muito "fogo selvagem"[104], os cultos pentecostais eram geralmente conduzidos de forma ordeira que, embora permitindo a espontaneidade, buscavam seguir os padrões bíblicos estabelecidos[105]. No entanto, essa "ordem" pentecostal pode não ter sido entendida por aqueles não acostumados à "direção do Espírito" e tempos de oração permeados de louvor glossolálico e intercessão. Como argumentei em outro lugar, as instruções de Paulo sobre o uso de línguas na assembleia reunida (1 Co 12-14) eram polêmicas por natureza e abordavam uma situação excepcional. Além disso, o contexto e a finalidade da oração glossolálica impactam se ela é apropriada, edificante e precisa de interpretação[106]. Parece improvável que Torrey, com sua exposição limitada à adoração pentecostal, estivesse bem-posicionado para abordar essas questões de uma maneira sábia e bem-informada.

Torrey, com seu quinto, sexto e sétimo pontos, sai de controle e parece ceder aos seus instintos "pugilistas". Seus ataques *ad hominem* incluem acusações de "as mais gritantes

---

[103] Torrey, *King's Business* (julho de 1913), 361.
[104] Para descrições vívidas, veja Wacker, *Heaven Below*, 99-103.
[105] Wacker, *Heaven Below*, 103-11.
[106] Menzies, *Glossolalia*, capítulos 6 e 7.

imoralidades"[107], comportamento demoníaco[108] e enganar "homens e mulheres de mente clara" como grupos heréticos do passado[109]. Isso leva Torrey a concluir que "Deus deixou a marca de sua desaprovação de uma forma inconfundível" sobre o movimento pentecostal. Na verdade, "todo aquele que crê e obedece à Palavra de Deus deve deixá-lo severamente em paz, exceto para expor... os erros grosseiros e males relacionados a ele"[110]. Stanley Frodsham, um líder nas Assembleias de Deus[111], ofereceu uma resposta graciosa e atenciosa ao ataque de Torrey que ainda vale a pena ser lida[112].

Sua resposta baseou-se fortemente em sua própria experiência no movimento. Rejeitou várias das alegações de Torrey como imprecisas e foi capaz de falar com autoridade porque estava pessoalmente presente em uma das reuniões criticadas e tinha amplo conhecimento do movimento pentecostal, tendo visitado igrejas pentecostais nos Estados Unidos e em muitos

---

[107] Torrey, *King's Business* (julho de 1913), 361 (ponto cinco).Gerald W. King escreve: "Torrey acusou o movimento de imoralidade grosseira, mais particularmente nas falhas de seus líderes – um (Parham) cujo pecado ele não pôde divulgar na imprensa (sodomia) e um outro de Ohio (Lupton) cujo pecado ele divulgou (adultério). Em reuniões recentes conduzidas em Los Angeles por uma mulher (Maria Woodworth-Etter), métodos hipnóticos derrubaram homens e mulheres, que ficavam deitados indecentemente em decúbito dorsal por horas" (King, *Disfellowshiped*, 74).

[108] Torrey, *King's Business* (julho de 1913), 362 (ponto seis, mas incorretamente listado novamente como ponto cinco).

[109] Torrey, *King's Business* (julho de 1913), 362 (listado como ponto seis, mas na verdade ponto sete).

[110] Torrey, *King's Business* (julho de 1913), 362.

[111] Frodsham foi eleito Secretário Geral das Assembleias de Deus em 1916 e também serviu como Tesoureiro Missionário da denominação. Ele se tornou o Editor do *Pentecostal Evangel* em 1920.

[112] Frodsham, "Por que sabemos que o movimento pentecostal atual é de Deus", 4-5.

outros países ao redor o mundo. No entanto, encontrei um artigo posterior de Frodsham ainda mais poderoso, escrito em 1928, depois que o movimento pentecostal foi oficialmente "desassociado" pela World Christian Fundamentals Association (WCFA) em uma reunião que Torrey ajudou a organizar. A linguagem da WCFA era dura:

> Considerando que, a atual onda de Pentecostalismo Moderno, muitas vezes referido como o "movimento das línguas", e a atual onda de cura fanática e antibíblica que está varrendo o país hoje, tornou-se uma ameaça em muitas igrejas e um prejuízo real para o testemunho são dos cristãos fundamentalistas, resolve-se, que esta convenção registra como oposta sem reservas ao pentecostalismo moderno, incluindo o falar em línguas desconhecidas e a cura fanática conhecido como cura plena na expiação, e a perpetuação da cura milagrosa como sinal de Jesus e seus apóstolos, onde, segundo esses modernos pentecostais, a única razão pela qual a igreja não pode realizar esses milagres é por causa de sua incredulidade.[113]

No entanto, a resposta de Frodsham foi notável por sua graciosidade. Ele escreveu:

> Embora os fundamentalistas tenham, por esta ação, desassociado uma grande companhia de nós que acreditamos em todos os fundamentos da fé tanto

---

[113] Citado em Frodsham, *"Disfellowshiped!"* 7.

> quanto eles, iremos, pela graça de Deus, continuar a amar e ter comunhão [sic] com cada filho de Deus, especialmente aqueles que estão como nós ensinando que toda a Bíblia é inspirada verbalmente... o milagroso nascimento virginal de nosso Senhor... sua divindade absoluta... sua humanidade perfeita... sua morte vicária... sua ressurreição corporal.... sua vinda novamente na glória[114].

Frodsham então citou Atos 2 e Marcos 16, textos pentecostais chave, e apontou que eles também fazem parte da Bíblia. No entanto, continuou, "Mas enquanto acreditamos nestas coisas que Deus estabeleceu em sua Palavra, não condenamos ninguém que não veja como nós vemos". Além disso, depois de falar sobre a cura que flui da obra expiatória de Cristo, reconhece: "É justo, no entanto, dizer que vários fundamentalistas como o Dr. R. A. Torrey reconhecem que 'o evangelho de Cristo contém a salvação para o corpo, bem como a alma'"[115]. Finalmente, ele conclui com estas palavras caridosas:

> Embora nós, pentecostais, tenhamos que ficar sem acampamento, não podemos ser amargos contra aqueles que não veem como nós. Nossas instruções do Trono [de Deus] são estabelecidas claramente nas Sagradas Escrituras. "Este é o Seu mandamento, que devemos crer no nome de Seu Filho Jesus Cristo e amar uns aos outros como Ele nos deu mandamento". Portanto, nosso negócio é

---

[114] Frodsham, *"Disfellowshiped!"* 7.
[115] Frodsham, *"Disfellowshiped!"* 7 (ambas as citações).

amar esses fundamentalistas e orar em conjunto, "Senhor, os abençoe a todos".[116]

A resposta de Frodsham nos lembra que os pentecostais estavam doutrinariamente unidos em quase todos os pontos com seus irmãos e irmãs fundamentalistas. Eles também "acreditavam em todos os fundamentos da fé"[117]. Os escritos e ministério de Torrey nos chamam a reconhecer que esta unidade teológica, pelo menos para alguns, foi além de um compromisso com os fundamentos e incluiu uma visão comum para o batismo do Espírito, a cura divina e viver pela fé.

Torrey estava orando por um Avivamento. E um veio. Embora de seu ponto de vista, particularmente em 1913, teria sido impossível prever a verdadeira natureza, escopo e significado do movimento que geraria. Na verdade, estima-se que em 2050 o movimento pentecostal, se entendido de forma mais ampla para incluir neopentecostais e carismáticos, "deve ultrapassar a marca de um bilhão"[118]. E então veio o avivamento – um avivamento que varreria o globo e impactaria virtualmente cada nação, um avivamento que transformaria a face do cristianismo global, um avivamento que em grande medida poderia atribuir sua gênese à influência de Torrey – mas o próprio Torrey não percebeu isso. Como isso poderia acontecer?

Em retrospecto, parece claro que três fatores turvaram a visão de Torrey de modo que ele foi incapaz de ver suas próprias

---

[116] Frodsham, "*Disfellowshiped !*," 7.
[117] Frodsham, "*Disfellowshiped!*" 7.
[118] Jenkins, *Next Christendom*, 8.

impressões digitais no movimento nascente e não quis olhar além dos pontos menores de desacordo[119].

Distância Cultural

"Respeitabilidade era seu direito de nascença"[120]. É assim que Timothy Gloege descreve de forma adequada a infância e a educação de R. A. Torrey. Torrey nasceu em uma família próspera. Seu pai, um rico banqueiro e industrial, ilustra por que as últimas décadas do século XIX (aproximadamente 1870-1900) foram chamadas de "Era Dourada". Foi um período de rápida industrialização, grande riqueza e tremenda desigualdade econômica, um período em que as vidas das classes abastadas foram marcadas por grande riqueza e grandes excessos. Torrey cresceu em "uma luxuosa propriedade de duzentos acres em Genebra, Nova York"[121]. Embora sua vida nem sempre fosse tão confortável – a fortuna da família iria embora e, como um adulto maduro, Torrey teria que fazer seu próprio caminho – mas é fato que teve uma infância privilegiada. Sua formação "dourada" lhe permitiu estudar em várias universidades de prestígio, tendo se graduado na Yale University em 1875 e na Yale Divinity School em 1878. Após um breve período como pastor Congregacionalista em Ohio, passou cerca de um ano estudando teologia nas universidades de Leipzig e Erlangen (1882-83), na Alemanha. Esse histórico privilegiado torna

---

[119] Afinal, Torrey, pelo menos em teoria, reconhecia a validade das línguas contemporâneas. Ele simplesmente rejeitou a noção de que as línguas podem servir como o sinal normativo do batismo do Espírito, uma visão para a qual ele próprio foi inicialmente atraído.
[120] Gloege, *Guaranteed Pure*, 69.
[121] Gloege, "Gilded Age", 202.

sua decisão de embarcar em um ministério entre os pobres do centro da cidade de Minneapolis, quando retornou aos Estados Unidos, ainda mais impressionante. Mas talvez também ajude a explicar sua incapacidade de se identificar com simpatia com as congregações de classe baixa, "rudes e grosseiras", que povoavam as igrejas pentecostais de sua época. Os pentecostais "vinham do lado errado dos trilhos"[122] e isso ficava muito longe de sua propriedade em Genebra ou dos corredores da academia em Erlangen.

Além de sua educação abastada e de elite, Torrey era conhecido por ser bastante pomposo. Vale a pena repetir a frase de McLoughlin, "nas ruas [Torrey] geralmente usava chapéu e sempre falava como se estivesse usando um"[123]. Seu biógrafo, Roger Martin, o descreve desta forma:

> Ele usava um casaco Prince Albert de corte fino com camisa branca, colarinho e punhos engomados e gravata borboleta branca. Seus sapatos estavam

[122] Grant Wacker, *Travail*, 513. Wacker reconhece que as diferenças econômicas, de classe e de gênero desempenharam um papel no conflito entre os fundamentalistas (ele usa o termo "Evangélicos Radicais") e os pentecostais, mas sugere que as diferenças foram mais aparentes do que reais.

As expressões "do lado errado dos trilhos" ou "do outro lado dos trilhos" refletem o processo de exclusão social que marcou a "Era Dourada" dos Estados Unidos. Um dos fenômenos que determinaram o progresso econômico norte-americano na segunda metade do século XIX foi a expansão das ferrovias por todo o país e o consequente desenvolvimento urbano de suas cidades. Os dois lados das ferrovias servindo as cidades determinavam a separação entre as classes mais abastadas e as mais empobrecidas das quais provinha a maioria dos primeiros pentecostais no século XX. [N. do E.]

[123] Marsden, *Fundamentalism*, 47 (ambas as citações).

sempre engraxados. Quase não havia amassado em sua roupa. Dava a impressão de limpeza imaculada e asseio, e tinha uma aparência deslumbrante de cultura e dignidade.[124]

Essas armadilhas da cultura vitoriana foram acompanhadas por um comportamento sério, impregnado de lógica e aparentemente desprovido de emoção. Um amigo indicou que "não se lembrava de [Torrey] ter arrancado uma risada de qualquer congregação"[125]. Torrey caracterizou seu próprio estilo de pregação como "erudito", como "de um advogado perante um júri"[126].

Com este retrato em mente, tentei imaginar como ele poderia ter respondido se tivesse entrado na Missão da Fé Apostólica na Rua Azusa em Los Angeles durante o verão de 1906. Os líderes do avivamento alugaram um prédio antigo que tinha sido uma Igreja Metodista, mas mais recentemente ficou em ruínas e foi usado como um armazém.

Eles "liberaram espaço suficiente na sujeira e entulho ao redor para colocar algumas tábuas em cima de barris de pregos vazios, com assentos suficientes para possivelmente trinta pessoas"[127]. Neste cenário simples, um testemunha ocular descreve o que normalmente acontecia:

> O irmão Seymour geralmente se sentava atrás de duas caixas de sapato vazias, uma em cima

---

[124] Martin, *Apostle of Certainty*, 91.
[125] "Entrevista com Dr. Ernest W. Wordsworth," Torrey File, Moody Bible Institute Archives, citado em Marsden, *Fundamentalism*, 47.
[126] Marsden, *Fundamentalism*, 47.
[127] Bartleman, *Azusa Street*, 47.

da outra. Ele geralmente, durante a reunião, mantinha a cabeça dentro da caixa mais ao alto, em oração. Não havia orgulho ali. Os cultos aconteciam quase continuamente durante todo o dia. Almas sequiosas podiam ser encontradas sob o poder de Deus quase a qualquer hora, de dia ou de noite. O lugar nunca estava fechado ou vazio. As pessoas vinham ao encontro de Deus. Deus estava sempre lá... A reunião não dependia do líder humano. A presença de Deus tornou-se mais e mais maravilhosa... Naquele velho prédio de teto baixo e piso descoberto, Deus fazia em pedaços homens e mulheres fortes e tornava a juntá-los outra vez para sua glória... Orgulho e autoafirmação, auto importância e autoestima não sobreviveriam ali... Nenhum assunto ou sermão era anunciado com antecedência, e nenhum orador especial escalado para tal hora. Ninguém sabia o que estava por vir, nem o que Deus faria. Tudo era espontâneo, ordenado pelo Espírito... Alguém podia estar falando. De repente, o Espírito descia sobre a congregação... Homens caíam por toda a casa como mortos numa batalha, ou corriam ao altar em massa em busca de Deus. A cena muitas vezes parecia uma floresta cheia de árvores caídas. Uma cena assim não podia ser imitada[128].

---

[128] Bartleman, *Azusa Street*, 58-60.

É difícil imaginar Torrey, com seu porte vitoriano e maneiras aristocráticas, se encaixando facilmente neste cenário. Só se pode especular, mas é difícil não sentir que a distância cultural era simplesmente grande demais. Isso o tornou incapaz de reconhecer na Rua Azusa o avivamento que ele estava procurando, o mover do Espírito para o qual ele havia preparado o caminho.

Pressão do Grupo

Torrey era um homem de princípios e não vacilava depois do que sua mente havia decidido[129]. Essa qualidade certamente está enraizada em seu compromisso com a Bíblia como a palavra de Deus. Seus pontos de vista sobre o batismo, a cura e a vida pela fé no Espírito mudaram pouco ao longo dos anos[130]. No entanto, também é verdade que ele não estava a salvo do poder da pressão e dos sentimentos de seus colegas.

Sua decisão de deixar o Moody Bible Institute e iniciar uma viagem evangelística mundial em 1902 pode ter sido encorajada pela crescente oposição que enfrentou de colegas aborrecidos com suas visões radicais, particularmente sua posição sobre cura divina[131]. Também é aparente que quando o movimento pentecostal, com seus cultos frenéticos e espontâneos, adoração turbulenta e respostas emocionais, irrompeu em cena, foi "uma cunha que forçou os evangélicos que queriam manter sua

---

[129] King, *Disfellowshiped*, 140.
[130] Gloege, "Gilded Age", 218.
[131] Gloege, *Guaranteed Pure*, 8-9.

respeitabilidade de classe média a escolher sua afiliação"[132]. Estariam do lado dos conservadores racionais e dispensacionalistas ou se uniriam aos liberais modernistas?

Para homens como Torrey, já estabelecidos em respeitáveis e conservadoras instituições, teria sido difícil até mesmo pensar em ficar do lado daqueles do "outro lado dos trilhos". A necessidade de traçar uma linha clara de separação deve ter sido especialmente aguda para ele, uma vez que sua teologia e ensino em tantos aspectos anteciparam o movimento pentecostal[133]. Certamente a avaliação de Gloege está correta: "Com o pentecostalismo seguindo de perto as reuniões de Torrey, ele sentiu a necessidade de se distinguir do movimento e criticar – muitas vezes em termos duros – o que acreditava serem seus excessos"[134].

Encontros Pessoais Negativos

Ao longo de sua vida, Torrey sempre acreditou na cura divina. Seu livro, *Divine Healing: Does God Perform Miracles Today?*, foi publicado em 1924 e reflete suas visões maduras sobre o assunto[135]. Ele insistiu que a cura divina está disponível hoje, mas criticou aqueles que a apresentavam em "cruzadas de cura". Torrey sentiu que o foco deveria estar diretamente no

---

[132] Gloege, "Gilded Age," 218. Marsden observa que "evangélicos avivalistas... ficaram constrangidos com o surgimento desses primos em Cristo "(*Fundamentalism*, 94).

[133] Wacker observa que os líderes da Santidade denunciaram fortemente os excessos pentecostais e procuraram se distanciar do Movimento Pentecostal precisamente porque eram tão próximos em muitos outros aspectos (Wacker, *Travai*", 524).

[134] Gloege, "Gilded Age", 218.

[135] Torrey, *Divine Healing*.

evangelho e na cura como uma de suas extensões[136]. De fato, ele afirmou que muitos foram curados em "reuniões privadas" na conclusão de suas cruzadas evangelísticas[137].

Torrey também ressaltou que, embora a cura proceda da morte expiatória de Cristo na cruz, isso não significa que devemos ou que sempre iremos experimentar essa cura agora[138]. Finalmente, insistiu que recorrer à medicina ou aos remédios pode ser apropriado, embora em alguns casos possa não ser o caso (ou seja, quando somos chamados para confiar somente em Deus)[139]. Essas posições, particularmente sua aprovação do uso de recursos médicos, representam perspectivas que Torrey parece ter abraçado apenas depois de passar por várias experiências difíceis. Muitos evangélicos radicais em sua época sentiam que recorrer a médicos e remédios refletia uma falta de fé que minaria a oração por cura[140]. Como veremos, o jovem Torrey parece ter compartilhado esse ponto de vista.

Sua "breve incursão em um ministério de cura pela fé foi interrompida" quando ele orou publicamente pela cura de uma jovem de dezenove anos que sofria de leucemia. Inicialmente, parecia que ela havia sido curada. No entanto, quando morreu no dia seguinte, instalou-se um pandemônio. A mãe da menina acreditava que Deus a ressuscitaria dos mortos e retirou o corpo do necrotério. A mãe afirmou que seis dias

---

[136] Torrey, *Divine Healing*, 35-39.
[137] King, *Disfellowshiped*, 98-99.
[138] Torrey, *Divine Healing*, 47-48.
[139] Torrey, *Divine Healing*, 52.
[140] Gloege, *Guaranteed Pure*, 100: Com referência a uma verdadeira "falange de modernos defensores da cura pela fé" que surgiu no final do século XIX, Gloege escreve, "quase todos inicialmente concordaram que a cura pela fé deveria substituir, em vez de aumentar, médicos e remédios".

de orações levariam a uma "ressurreição parcial", enquanto o médico legista diria que a jovem havia sido declarada morta prematuramente durante o coma. Infelizmente, a mãe culpou sua própria "falta de fé" pela morte da filha. Os jornais divulgaram amplamente os detalhes desse triste acontecimento. Gloege observa: "Depois desse incidente, Torrey limitou sua prática de cura pela fé ao ambiente mais controlado de sua família imediata, decidindo que seu ministério público era mais dedicado ao evangelismo"[141].

No entanto, o golpe realmente devastador veio com a morte de Elizabeth, sua filha de oito anos de idade. Quando a menina contraiu difteria, Torrey decidiu confiar apenas na oração e recusou "o uso da comprovada antitoxina"[142]. Inicialmente tudo parecia bem, mas quando a respiração de Elizabeth se tornou difícil, ele chamou um médico que administrou o medicamento. Tragicamente, era tarde demais e Elizabeth morreu. Torrey ficou desesperado. Sentiu que sua falta de fé, demonstrada em seu telefonema ao médico, era o motivo da morte de Elizabeth. Mais tarde, descreveu essa tragédia como "um golpe estonteante" e perguntou: "Por que Deus permitiu isso?"[143]. Sua resposta: "Porque Ele nos amou" e "Precisávamos disso". Torrey explicou,

> Este castigo... levou a uma profunda busca e descoberta do fracasso e, portanto, levou à confissão de

---

[141] Gloege, *Guaranteed Pure*, 81. Para o relato de Gloege sobre este incidente, consulte Guaranteed Pure, 80-81, e também "Gilded Age", 213.

[142] Gloege, *Guaranteed Pure*, 108.

[143] Do sermão de Torrey, "Keynote of the Bible (God Is Love)", em Torrey, *Sermons*, 143.

pecado. Isso também levou a uma nova consagração e amor pelas almas e devoção a Deus. Trouxe respostas às orações... Foi uma das coisas que me levaram a deixar Chicago alguns anos depois para entrar em um ministério mundial.[144]

Pouco tempo depois, sua filha de quatorze anos, Blanche, mostrou sinais semelhantes de doença. Desta vez, Torrey confiou inteiramente na oração. Não apenas orou ele mesmo, mas também enviou uma carta para a figura conhecida, mas extremamente controversa, de John Alexander Dowie, pedindo-lhe que também orasse pela cura de sua filha. Nesta carta, Torrey se arrependeu de sua falta de fé anterior, revelando o lado mais radical de suas opiniões sobre a cura pela fé. Felizmente, Blanche se recuperou e eleTorrey enviou uma segunda carta a Dowie, regozijando-se por suas preces terem sido atendidas. Apesar desse desfecho feliz, as cartas que enviou desencadearam uma tempestade de controvérsias que lhe causaria considerável dor. Dowie publicou as cartas como um meio de defender sua própria reputação em rápida deterioração. Uma série de artigos amargos publicados por Torrey, Dowie e outros se seguiram[145]. Como resultado, a reputação de Torrey ficou em muito abalada.

---

[144] Torrey, Sermons, 144. Torrey também descreve o incrível conforto que encontrou no meio dessa provação. Na manhã seguinte à morte de Elizabeth, ele caminhou pelas ruas gritando o nome dela. "E então essa fonte que tinha em meu coração irrompeu com uma força que acho que nunca tinha experimentado antes, e foi o momento mais alegre que eu já conheci na minha vida! Oh, quão maravilhosa é a alegria do Espírito Santo!" (Torrey, *Holy Spirit*, 95)

[145] Ver *Leaves of Healing* de Dowie 6.20 (10 de março de 1900), 639-48, esp. 642-43 e 645, onde reproduz as cartas de Torrey, que apareceram originalmente em *Leaves of Healing* 5.24 (8 de abril de 1899), 460; para

Moody estava preocupado com a ideia de que pontos de vista radicais sobre a cura pudessem estar associados ao Instituto Bíblico. Ele mandou Torrey embora de Chicago por vários meses para ministrar às tropas no Tennessee que estavam se mobilizando para a Guerra Hispano-Americana e também trouxe James M. Gray para fornecer uma perspectiva mais sóbria sobre a cura. Em outubro de 1898, quando Torrey voltou a Chicago de seu tempo de ministrar às tropas, ele foi demitido de suas funções de ensino no YMCA. Durante anos, ensinou uma aula bíblica semanal para o YMCA, mas agora encerraram esse arranjo[146]. Embora Torrey continuasse servindo no Instituto Bíblico, as preocupações com suas inclinações pentecostais estavam claramente vindo à tona.

A morte de Moody (22 de dezembro de 1899) "no meio desta crise... sinalizou o fim da era"[147]. O Instituto trocou rapidamente a "fé milagrosa" de Torrey, que geralmente tinha recebido o apoio de Moody, pela forma do evangelicalismo de Gray, mais "segura para consumo da classe média"[148]. Como os comentários de Torrey citados acima sugerem, o redemoinho de

---

os comentários de Dowie sobre a oposição e morte de Moody, ver *Leaves of Healing* 6 (3 de fevereiro de 1900), 470; para seus comentários sobre a autenticidade das cartas de Torrey, veja *Leaves of Healing* 6 (21 de abril de 1900), 826-27. Observe também a longa carta de R. A. Torrey repudiando Dowie publicada em *The Ram's Horn* (17 de março de 1900), 11, e o artigo "Henderson on Faith Cure", The *Chicago Tribune* (16 de outubro de 1899), 8, que é crítico de Dowie e que liga sua Comunidade de Sião às igrejas evangélicas.

[146] Gloege fornece um relato detalhado e bem documentado desses eventos em *Guaranteed Pure*, 108-9. Sobre o conflito com o YMCA, ver também Findlay, *Dwight L. Moody*, 404-5.

[147] Gloege, *Guaranteed Pure*, 8.

[148] Gloege, *Guaranteed Pure*, 8-9.

controvérsias em torno desses eventos provavelmente encorajou sua decisão de deixar o Moody Bible Institute e embarcar em sua viagem evangelística mundial (1902-1906). Em meio a essas pressões, pode-se perceber como teria sido difícil para ele se identificar abertamente com os espíritos afins que poderia ter encontrado nas igrejas pentecostais. Além disso, embora Dowie seja anterior ao pentecostalismo, muitos de seus amigos e seguidores aderiram ao movimento. O doloroso relacionamento de Torrey com Dowie certamente deve tê-lo deixado amargo ao buscar outras ligações.

IMPACTO DE TORREY NO MOVIMENTO PENTECOSTAL

Apesar do repúdio severo de Torrey ao "Movimento das Línguas", os pentecostais o amavam mesmo assim. O estadista pentecostal britânico, Donald Gee, afirmou que foi Torrey "quem primeiro deu ao ensino do Batismo do Espírito Santo uma nova, e certamente mais bíblica e doutrinariamente correta, ênfase na linha do 'poder do alto", especialmente para o serviço e testemunho (Atos 1.8)". Gee também observou que a "apresentação lógica da verdade de Torrey fez muito para estabelecer a doutrina", acrescentando que "sua pregação [em Berlim] do Batismo do Espírito plantou sementes que sem dúvida floresceram alguns anos depois, quando o Movimento Pentecostal estourou na Alemanha"[149]. É claro

---

[149] Gee, *Pentecostal Movement*, 4-5 (todas as citações de Gee). A influência de Torrey é narrada por Hollenweger e levou Marsden a falar de Torrey como "uma espécie de figura de João Batista para o pentecostalismo internacional posterior" (ver Hollenweger, *Pentecostals*, 221-23 e Marsden, *Fundamentalism*, 94 respectivamente).

que o impacto de Torrey não se limitou à Alemanha. Ele foi um catalisador para o avivamento pentecostal na Inglaterra, País de Gales e além. Testemunhos de sua pregação em todo o mundo permeiam os primeiros periódicos pentecostais[150].

Além da pregação de Torrey, os primeiros pentecostais gostavam de fazer referência aos seus escritos. O apologista pentecostal Carl Brumback cita a definição de Torrey do batismo com o Espírito Santo, acrescentando que "representa a visão básica do movimento pentecostal em direção à experiência"[151]. Muitas escolas pentecostais usaram *What the Bible Teaches* (1898) como livro didático[152]. Uma das declarações de Torrey contidas neste livro, "O batismo com o Espírito Santo é uma operação do Espírito Santo distinta de, e subsequente e adicional à, sua obra regeneradora",[153] é "a citação mais frequente de um não-pentecostal a ser encontrada na literatura pentecostal"[154].

Além disso, Horace Ward descreve o livro de Torrey, *The Holy Spirit: Who He Is, and What He Does* (1927), como "o tratado não-pentecostal mais aceitável sobre a doutrina

---

[150] Ver para o impacto de Torrey em várias nações: A. Boddy, "Scenes in Denmark", *Confidence* (10 de outubro de 1910), 229 (Dinamarca); *Confidence* (dezembro de 1914), 229 (Berlim); Minnie Abrams, "How the Recent Revival Was Brought About in India," *The Latter Rain Evangel* (julho de 1909), 8 (Austrália); E. N. Bell, "Questions and Answers," *The Pentecostal Evangel* (21 de abril de 1923), 9 (China); J. Narver Gortner, "Sins of Omissions", *The Pentecostal Evangel* (4 de abril de 1925), 3 (Austrália); David Leigh, "Thousands Turning to Christ in China", *The Pentecostal Evangel* (26 de fevereiro de 1927), (Inglaterra).

[151] Brumback, *What Meaneth This?*, 183-84, conforme citado em Smeeton, "Charismatic Theology of R.A. Torrey", 22.

[152] King, *Disfellowshiped*, 164.

[153] Torrey, *What the Bible Teaches*, 322.

[154] Bruner, *Theology of the Holy Spirit*, 46.

pentecostal"¹⁵⁵. Claramente, este livro também foi amplamente lido nos círculos pentecostais. Deve-se notar também que o homem que muitos considerariam o catalisador teológico do movimento, Charles Parham, leu os escritos de Torrey¹⁵⁶. Uma pesquisa da literatura pentecostal inicial confirma a conclusão de Frederick Bruner: "Torrey era, depois de Wesley e Finney, a figura mais influente na pré-história do pentecostalismo"¹⁵⁷.

Na verdade, dada sua proximidade no tempo e na doutrina de Parham, Durham e do Avivamento da Rua Azusa, pode-se argumentar com alguma força que o papel de Torrey deve ser considerado o principal. Sua influência se estendeu além de sua pregação e escrita para a sala de aula. Como Stanley Horton observa, "vários dos primeiros líderes do movimento pentecostal estudaram sob ou foram influenciados pelo Dr. Torrey"¹⁵⁸.

Frank Bartleman, Francisco Olazabal e Marie Burgess foram todos alunos do Moody Bible Institute durante o mandato de Torrey lá¹⁵⁹. Assim, por meio de sua pregação, ensino e numerosos livros, ele exerceu uma enorme influência, na verdade formativa,

---

[155] Ward, "Anti-Pentecostal Argument", 108.
[156] Gloege, *Guaranteed Pure*, 131.
[157] Bruner, *Theology of the Holy Spirit*, 45. Uma pesquisa on-line do Flower Heritage Pentecostal Centre (www.ifhpc.org) é instrutiva: o nome de Torrey, que estava ligado a vários testemunhos, citado favoravelmente em uma variedade de artigos e listados como o autor de muitos livros anunciados pelas publicações, apareceu em 126 entradas de 1908 a 1939. Isso confirma o julgamento de Bruner, "O pentecostalismo encontrou na teologia do Espírito de Torrey uma afinidade especial" (*Theology of the Holy Spirit*, 45).
[158] Horton, "Review of R.A. Torrey, The Person and Work of the Holy Spirit", 29. Assim também Smeeton, "Charismatic Theology of R.A. Torrey", 22.
[159] Gloege, *Guaranteed Pure*, 133-34.

sobre os líderes pentecostais emergentes e o movimento como um todo. Seu impacto dificilmente pode ser exagerado.

No entanto, sua influência no movimento não foi devidamente reconhecida. Por um lado, os pentecostais muitas vezes agruparam Torrey com outros pregadores de Keswick, fazendo parecer que todos eles ensinavam essencialmente a mesma coisa[160]. Acredito que mais nuance é necessária no seu exame. Embora todos os pregadores de Keswick associassem o batismo do Espírito com poder, ao contrário de Torrey, virtualmente todos os outros conectaram esse poder com a santificação (bem como o poder para o serviço) de maneiras significativas. Por outro lado, os alunos e colegas fundamentalistas de Torrey tentaram apagar ou tirar a ênfase das fortes correntes pentecostais que fluíram através de sua teologia. Este ponto é bem ilustrado por uma "conversa estranha entre James Gray e a filha de Torrey, Edith, em 1931". O Moody Bible Institute queria alterar uma seção do curso por correspondência de Torrey sobre o batismo com o Espírito Santo, mas devido a restrições de direitos autorais, eles precisavam da permissão da família para fazê-lo. "Os ensinamentos de Torrey eram muito próximos dos 'pentecostais extremistas', como Aimee Semple McPherson, Gray explicou"[161]. A maioria

---

[160] Gilbertson observa proveitosamente que "em contraste com D.L. Moody e particularmente R.A. Torrey, os professores de Keswick devotaram muito mais atenção à obra do Espírito na santificação" (*Baptism of the Holy Spirit*, 180). Charles Nienkirchen observa, por exemplo, que A. B. Simpson "não enfatizou o batismo do Espírito Santo como uma fonte de poder para o serviço" e, em vez disso, destacou "seu papel em trazer 'união com Cristo' e 'purificação do pecado'" (Nienkirchen , "Forerunner and Critic of the Pentecostal Movement", 143). Este julgamento é apoiado pela análise detalhada de Gilbertson (*Baptism of the Holy Spirit*, 207-19).

[161] Gloege, *Guaranteed Pure*, 227.

dos fundamentalistas, com sua orientação dispensacionalista, rejeitou essa abordagem. Edith ficou horrorizada com o pedido de Gray e o rejeitou com firmeza, pedindo que ele nunca mais mencionasse o assunto[162]. Este julgamento também é apoiado pela esposa de Torrey. Quando alguns dos alunos de Torrey tentaram distanciar seu ensino sobre o batismo do Espírito daquele do pentecostalismo, alegando que ele simplesmente tinha sido descuidado com o uso dos termos, a Sra. Torrey negou enfaticamente esses "relatos, alegando que seus pontos de vista sobre o assunto nunca haviam mudado apesar de sua rejeição da glossolalia como evidência inicial uniforme"[163].

CONCLUSÃO

Observamos que R. A. Torrey, com razão, pode ser chamado de Pai do Fundamentalismo. Ainda assim, documentamos como seus pontos de vista, particularmente com referência ao batismo com o Espírito Santo, anteciparam e influenciaram significativamente o nascente movimento pentecostal. Sua compreensão do batismo do Espírito como uma experiência definida, distinta da regeneração, que capacita o testemunho e o serviço, em grande medida molda as formulações doutrinárias de denominações pentecostais posteriores, incluindo as Assembleias de Deus.

---

[162] Gloege, *Guaranteed Pure*, 227. Gloege cita a correspondência para esta troca em 260, nota 2.
[163] Waldvogel, "Reformed Evangelical Contribution", 19, n32. Veja ali a correspondência e as fontes citadas por Waldvogel. Assim também King declara: "Para seu crédito, a posição de Torrey mudou pouco ou nada ao longo dos anos desde que *The Baptism with the Holy Spirit* foi publicado em 1895" (*Disfellowshiped*, 140).

Também enfatizamos que a hermenêutica de Torrey foi, em muitos aspectos, única. Ele privilegiou Lucas-Atos e destacou a continuidade que ligava a igreja primitiva aos crentes de hoje. Além disso, ele leu a Bíblia, e especialmente Atos, como um tesouro de promessas – promessas que incluem o batismo com o Espírito Santo e que estão disponíveis para todos os crentes hoje. Assim, Torrey também abriu um caminho interpretativo que muitos pentecostais seguiriam. Embora seja verdade que tenha rejeitado a posição pentecostal de que "línguas" servem como o sinal normativo do batismo do Espírito, também é evidente que esta doutrina simplesmente reflete sua leitura de Atos levada ao seu fim lógico. É uma extensão natural de sua hermenêutica. Assim, exploramos as razões para a incapacidade de Torrey de afirmar ou expressar simpatia por esta posição, que incluem fatores culturais, pressão dos pares e seus encontros negativos com o protopentecostal John Alexander Dowie. Finalmente, descrevemos a influência notável e significativa que Torrey exerceu sobre o movimento pentecostal, moldando sua doutrina, hermenêutica e prática em vários pontos.

Quando se considera o impressionante currículo de valores compartilhados e impacto que ligam Torrey ao movimento pentecostal, é difícil encontrar seu equivalente no mundo fundamentalista (ou evangélico não-pentecostal). Este é particularmente o caso quando nos lembramos que os pentecostais afirmaram (e ainda afirmam) todas as doutrinas-chave delineadas nos *The Fundamentals* e que os fundamentalistas rejeitaram (e ainda rejeitam) muitos dos ensinamentos de Torrey, incluindo sua abordagem à cura divina e viver de acordo com fé, bem como sua compreensão do batismo do Espírito, que os pentecostais abraçaram. Uma revisão honesta das evidências leva à seguinte conclusão: O legado teológico duradouro de R. A. Torrey pode ser encontrado nos filhos e filhas do Avivamento da Rua Azusa, e não nos enteados de instituições fundamentalistas pós-Torrey. Esta conclusão desafia as noções tradicionais sustentadas tanto pelos pentecostais quanto pelos fundamentalistas. Nós, pentecostais, frequentemente retratamos nossas próprias raízes como se não tivéssemos quase nada a ver com os fundamentalistas áridos e racionalistas. Essas reconstruções históricas muitas vezes colocam a inspiração do Espírito contra o estudo sério da Bíblia e afirmam que os primeiros pentecostais tinham uma hermenêutica subjetiva, amplamente dirigida pela comunidade[164]. Na "Era Dourada", somos informados, a experiência reinou suprema e recebeu primazia sobre uma leitura racional das Escrituras[165]. A hermenêutica de Torrey demonstra que os

---

[164] Por exemplo, veja Archer, *Pentecostal Hermeneutic* and Smith, "Closing of the Book," 49-71. Torrey não se encaixa facilmente nas categorias de Archer, que tendem a colocar os fundamentalistas racionalistas contra os pentecostais experienciais. Archer afirma que "os fundamentalistas leem a Bíblia como um documento revelador inspirado no passado, mas os pentecostais leem a Bíblia como uma história inspirada no presente" (*Pentecostal Hermeneutic*, 69), mas para Torrey claramente a Bíblia era uma história atualmente inspirada. Smith afirma, "meu objetivo foi esboçar a relação entre as comunidades textuais e orais / proféticas como uma tradicionalmente acompanhada pela exclusão e opressão da última pela primeira" ("Closing of the Book," 70). Mais uma vez, a construção de Smith, que opõe os fundamentalistas (uma comunidade textual) aos primeiros pentecostais (uma comunidade oral / profética), não leva em conta os fundamentalistas como Torrey.

[165] A socióloga Margaret M. Poloma exemplifica a tendência dos estudiosos carismáticos de opor os aspectos cognitivos e doutrinários da fé aos afetivos e experienciais, e de elevar os últimos sobre os primeiros. Assim, Poloma pergunta se as Assembleias de Deus podem "transformar-se em um evangelicalismo moderno e simples que enfatiza o 'conhecimento' cognitivo sobre as experiências afetivas que caracterizam o 'conhecimento'

pentecostais não eram tão únicos como muitas vezes se pensa a esse respeito. Ele também leu a Bíblia como um texto vivo. Sua abordagem também nos lembra que uma abordagem lógica e racional das Escrituras pode ser combinada com um desejo profundo de ouvir a voz do Espírito e responder obedientemente. Além disso, a influência significativa de Torrey no movimento pentecostal, particularmente em seus estágios de formação, nos chama a ver os pontos importantes de acordo que nos unem com nossos irmãos e irmãs fundamentalistas, e a reconhecer que uma abordagem lógica e fundamentada das Escrituras realmente constitui o alicerce do movimento pentecostal.

Este estudo também incentiva os fundamentalistas a dar uma outra olhada em Torrey e seu ensino, particularmente sua compreensão do batismo do Espírito. Ele não pode ser facilmente colocado de lado como um pensador marginal ou simplesmente incompreendido. Foi um gigante teológico, o arquiteto dos *The Fundamentals*, e em muitos aspectos também foi pentecostal. Talvez ao reexaminar honestamente seu trabalho, todos possamos encontrar muito mais terreno em comum do que imaginávamos ser possível anteriormente. Acredito firmemente que Torrey, o pugilista teológico, encorajaria este esforço e nos chamaria a ver que, na força do Espírito, temos "uma chance de lutar" para realizar grandes coisas para o reino de Deus.

pentecostal?" (Poloma e Green, *Assemblies of God*, 61). Ver também Castelo, *Pentecostalism as a Christian Mystical Tradition*, a esse respeito.

Parte II

Teologia pentecostal
Seus fundamentos evangélicos

Meu pai era historiador da igreja. Ele adorava falar sobre o valor de estudar a história da igreja e muitas vezes descreveu as ricas verdades e perspectivas importantes que fluíram de seu estudo. Quando tratou do surgimento do movimento pentecostal moderno, foi bastante claro. Ressaltou que as experiências incomuns que marcaram o Avivamento da Rua Azusa e as reuniões pentecostais posteriores não foram únicas. Na verdade, ele apontou para mais de vinte movimentos carismáticos que apareceram ao longo da história da igreja, a maioria dos quais experimentou fenômenos semelhantes. Profecia, cura, exorcismo, falar em línguas – essas experiências não são novas ou inéditas, nem o eram há cem anos. Esses tipos de experiências carismáticas pontuaram a vida da igreja em diversos lugares e entre diferentes grupos em vários momentos nos últimos dois mil anos. Não, o movimento pentecostal moderno a esse respeito não é único.

"O que é único sobre o reavivamento pentecostal moderno", meu pai diria com um brilho nos olhos, "é que ele sobreviveu". Sobreviveu e se tornou uma parte integrante da corrente principal, o Cristianismo Evangélico. Veja, se estudarmos esses mais de vinte movimentos carismáticos do passado, descobriremos que nenhum deles terminou bem. Este é um fato preocupante. Os montanistas são um excelente exemplo de grupo carismático que provavelmente começou bem, mas terminou mal. A lista de outros movimentos semelhantes é dolorosamente longa. A maioria deles começou bem, mas todos permaneceram na periferia da vida da igreja. Com o tempo, devido à ênfase exagerada nos dons carismáticos e à falta de base nas Escrituras, esses grupos se extraviaram. Um líder carismático ou profeta autoproclamado surgiria e conduziria o grupo ao fanatismo autodestrutivo e à heresia. No entanto, como meu pai diria, aqui é onde o movimento pentecostal moderno é diferente. Aqui encontramos sua singularidade. Ele resistiu o suficiente para se tornar parte da principal corrente do cristianismo. Sobreviveu e não ficou na periferia. Na verdade, como nossas reflexões do último capítulo, o movimento pentecostal começou com uma forte sensação de que era parte de uma igreja evangélica maior. Com o tempo, o relacionamento com a igreja em geral se aprofundou e amadureceu. O resultado foi, na minha opinião, uma mútua polinização maravilhosa.

Os pentecostais influenciaram seus vizinhos evangélicos e, por sua vez, também foram impactados por eles. Um aspecto positivo dessa influência evangélica foi uma afirmação do que estava presente desde o início – um forte compromisso com a Bíblia como o padrão, a régua de medição, para a doutrina, prática e experiências espirituais.

Assim, enquanto as experiências (profecia, cura, línguas etc.) do movimento pentecostal moderno não são um fenômeno novo, o fato de que ele se tornou parte integrante do cristianismo ortodoxo dominante – na verdade, uma parte vital da igreja evangélica global – é único. Aqui estão o significado e a incrível promessa do movimento pentecostal: pela primeira vez na história da igreja, um movimento carismático se tornou dominante e impactou significativamente a igreja universal. Este é, sem dúvida, o caso porque os primeiros líderes pentecostais estavam comprometidos em julgar sua teologia e praticar suas experiências espirituais de acordo com a palavra de Deus. O relacionamento afetuoso que se desenvolveram ao longo do tempo com seus irmãos e irmãs evangélicos facilitou claramente essa postura saudável e essencial.

Se os primeiros líderes do movimento tivessem se afastado de um firme compromisso de julgar sua mensagem e experiência com o padrão da Bíblia, a história nos diz que ele teria se tornado marginalizado pelo corpo maior de Cristo e caído em uma espiral de irrelevância devido a heresia e excesso. Felizmente, este não foi o curso.

Um dos primeiros exemplos da forma como a autoridade bíblica foi afirmada pelos líderes pentecostais é encontrado na maneira como William Seymour, o principal líder do Avivamento da Rua Azusa, lidou com a questão da glossografia. Alguns crentes pentecostais, na Escola Bíblica Bethel de Charles F. Parham e no Avivamento da Rua Azusa, alegaram que quando eram inspirados pelo Espírito, podiam não apenas falar em "outras línguas", mas que também podiam escrever milagrosamente em línguas que eram anteriormente desconhecidos para eles. A resposta sábia e baseada na Bíblia de Seymour é digna de nota:

> Não lemos nada na Palavra sobre a escrita em idiomas desconhecidos, por isso não incentivamos isso em nossas reuniões. Vamos medir tudo pela Palavra, para que todo fanatismo seja mantido fora da obra. Nós achamos questionável se algum bom saiu dessa escrita[166].

Eu reconheceria que os pentecostais nem sempre foram tão sábios. Exemplos de "fogo selvagem", extremos e excessos, certamente podem ser encontrados em nossa colorida história. No entanto, na maior parte, o movimento seguiu o curso sábio defendido por William Seymour e tentou medir sua mensagem e ministério em relação ao padrão da Bíblia[167].

Na seção seguinte, "Fundamentos Evangélicos", quero ilustrar, em capítulos sucessivos (capítulos 2-4), como isso é

---

[166] Apostolic Faith 1.10 (setembro de 1907). Agradeço a Yi Zhi Gang, um estudante do Seminário Teológico da Ásia-Pacífico, por me indicar esta citação. Veja seu excelente artigo não publicado, "Glossographia: A Lens for Examining the Role of Glossolalia in Mission."

[167] Embora alguns pentecostais na academia pareçam estar se afastando do foco no significado histórico (por exemplo, Amos Yong, Spirit of Love, 111; Kenneth Archer, *Pentecostal Hermeneutic*, 208; e a Escola de Cleveland, cf. Archer, "Cleveland School"), isso não reflete o ponto de vista da grande maioria dos crentes, igrejas e instituições pentecostais. Para saber mais sobre esse assunto, consulte meu capítulo "Jumping Off the Post-Modern Bandwagon" em Menzies, *No poder do Espírito*. O perigo de um foco na experiência que perde de vista o significado histórico do texto bíblico é ilustrado na trajetória do pietismo, que influenciou Immanuel Kant e Friedrich Schleiermacher (ver Noll, *Scandal of the Evangelical Mind*, 48). Para uma defesa equilibrada e contemporânea de significado histórico, ver Keener, *Spirit Hermeneutics*, 99-151.

verdade para as três doutrinas mais distintas do movimento pentecostal: nosso entendimento do batismo no Espírito; nossa afirmação de falar em línguas como uma forma edificante de oração e louvor inspirados pelo Espírito; e nossa abordagem de "sinais e prodígios". Meu objetivo é mostrar como essas convicções estão fortemente baseadas em uma análise cuidadosa da Bíblia. Alguns podem, por várias razões, em última análise, discordar de minhas conclusões, mas não acredito que um leitor objetivo possa ler esses capítulos e sair sem uma apreciação por sua força e mérito. Eles certamente não podem negar que os argumentos apresentados estão firmemente fundamentados nas Escrituras. Este, então, é o nosso fundamento evangélico.

Às vezes, tenho sido desafiado por amigos bem-intencionados ou mesmo editores com a pergunta: por que você escreve para um público evangélico em vista? Esse público não é um pouco restrito? Minha resposta é inequívoca: escrevo para um público evangélico porque falamos a mesma linguagem, a linguagem da Bíblia. Minhas posições e argumentos estão enraizados nas Escrituras.

Se meus leitores não compartilham comigo um compromisso comum com a autoridade da Bíblia, então não tenho como falar com eles com clareza e convicção. Além disso, eles também não têm como me envolver em discussões produtivas ou me ajudar a entender melhor meu assunto. Simplificando, não podemos encorajar uns aos outros porque não falamos a mesma língua.

Espero que, ao ler os capítulos seguintes, você reconheça que nós realmente falamos a mesma língua, e que podemos encorajar uns aos outros em nossa busca comum de entender melhor a palavra de Deus e aplicá-la com mais fidelidade em nossa vida.

Capítulo 2

Batismo no Espírito Santo
Um Empoderamento Profético

Há alguns anos, um líder de uma igreja doméstica chinesa comentou: "Quando os cristãos ocidentais leem o livro de Atos, veem nele histórias inspiradoras; quando os crentes chineses leem o livro de Atos, vemos nele nossas próprias vidas". O ponto do meu amigo chinês era claro: a experiência de oposição e perseguição afeta a forma como leem a narrativa de Lucas. Os crentes chineses tendem a ler Lucas-Atos com uma sensação de urgência e desespero, uma sensação de fome gerada pela necessidade. Assim, eles se identificam facilmente com as lutas de Pedro e João, de Estevão e Paulo. E assim também aceitam prontamente a promessa da capacitação do Espírito para perseverarem e darem testemunho corajoso de Jesus em face da oposição. Implícito no comentário do meu amigo está também a crença de que os cristãos que vivem em países estáveis e ricos, que vivem em contextos em que a igreja tem uma longa e célebre história, podem ter dificuldade em ler o livro de Atos dessa forma. Ele estava sugerindo que muitos desses cristãos podem achar difícil se identificar com as lutas e necessidades dos primeiros discípulos do Senhor Jesus, e, portanto, não leem com o mesmo senso de solidariedade ou com o mesmo senso de urgência.

Acredito que esta conversa toca talvez na maior contribuição que o movimento pentecostal está fazendo para o mundo da igreja mais global: está chamando a igreja universal para dar uma nova olhada na obra de Lucas em dois volumes. E, no processo, está encorajando a igreja a considerar mais uma vez seu próprio entendimento e sua própria necessidade do poder do Espírito Santo. É precisamente aqui, em Lucas-Atos, onde encontramos a mensagem central e distinta do movimento. Desde os primeiros dias do avivamento pentecostal moderno, os pentecostais proclamaram que todos os cristãos podem, e de fato devem, experimentar um batismo no Espírito Santo "distinto e subsequente à experiência do novo nascimento".[168]

Esta compreensão do batismo flui naturalmente da convicção de que o Espírito veio sobre os discípulos e discípulas no Pentecostes (At 2), não como a fonte da existência de uma nova aliança ou de uma nova vida espiritual (regeneração); antes, como fonte de poder para um testemunho eficaz. Os pentecostais, como R. A. Torrey, resistem à tentação de interpretar o "batismo no Espírito Santo" pentecostal em termos paulinos como a fonte da regeneração e o clímax da conversão

---

[168] Ata da 44ª Sessão do Conselho Geral das Assembleias de Deus (Portland, OR; 6-11 de agosto de 1991), 129.

(cf. 1 Co 12 e 13)¹⁶⁹. Em vez disso, seguem a sério a descrição de Lucas: "Mas você receberá poder quando o Espírito Santo vier sobre você; e vocês serão minhas testemunhas... até os confins da terra" (At 1.8)¹⁷⁰. Essa compreensão do batismo do Espírito deu ao movimento pentecostal moderno sua identidade, sua experiência unificadora e seu foco missiológico.

O rápido crescimento das igrejas pentecostais em todo o mundo, particularmente no chamado Terceiro Mundo, torna difícil para a igreja global ignorar esse movimento e sua teologia. Na verdade, as igrejas pentecostais têm crescido com tal rapidez

---

169 Em seu influente livro, *Baptism in the Holy Spirit*, James Dunn argumentou que os autores do NT uniformemente apresentam o dom do Espírito como "o aspecto mais fundamental do evento ou processo de se tornar um cristão, o clímax da conversão/iniciação" (citação de Dunn, "Response to Pentecostal Scholarship", onde ele resume sua tese desenvolvida no *Baptism in the Holy Spirit*). Mais recentemente, Max Turner ofereceu uma visão atualizada, mas semelhante. De acordo com Turner, em todo o Novo Testamento, o Espírito, enquanto Espírito de profecia, fornece sabedoria "essencial para a existência humana totalmente autêntica diante de Deus" (Turner, *Holy Spirit and Spiritual Gifts*, 15). Assim, tanto para Turner como para Dunn, o dom do Espírito é um elemento-chave de iniciação de conversão e essencial para a autêntica existência cristã. Essas visões definem amplamente as perspectivas não pentecostais.

170 Os pentecostais afirmam que a perspectiva de Lucas sobre a obra do Espírito é complementar à de Paulo e que precisamos fazer justiça a ambos os autores bíblicos. Enquanto Paulo nos diz que todo cristão recebe o Espírito quando se arrepende e vem à fé, Lucas fala de outra dimensão da obra do Espírito. Lucas nos diz que todo crente (cf. At 2.17-18; Lc 11.13) pode receber uma unção profética (ou seja, o batismo no Espírito Santo) que capacita seus destinatários a darem testemunho corajoso de Jesus. Embora para Lucas "batismo no Espírito" descreva a experiência inicial desse poder profético, sua narrativa também incentiva seus leitores a experimentar esse poder de maneira contínua. Assim, os mesmos discípulos que foram "batizados" no Espírito no dia de Pentecostes (Lucas usa uma variedade de termos para descrever o derramamento pentecostal do Espírito), também são "cheios do Espírito" quando encontram perseguição por um curto período de tempo mais tarde (At 4.31).

que "alguns historiadores se referem ao século 20 como o 'Século Pentecostal'"[171]. Portanto, vamos atender ao chamado e voltar mais uma vez às páginas de Lucas-Atos. Mais especificamente, procuremos entender o que Lucas quer dizer quando fala de pessoas sendo "batizadas no Espírito Santo" (Lc 3.16; At 1.5; 11.16). Espero facilitar esse objetivo analisando três importantes textos do Evangelho de Lucas – textos que, argumentarei, afirmam a abordagem pentecostal ao definir o dom pentecostal ou "batismo no Espírito" como um empoderamento para a missão distinto da conversão.

PROFECIA DE JOÃO BATISTA

A profecia de João Batista sobre aquele que batizará com Espírito e fogo, registrada em Lucas 3.16-17, é particularmente importante para o nosso estudo.

João tratou de explicar a todos:

> Eu, na verdade, batizo vocês com água, mas vem aquele que é mais poderoso do que eu, do qual não sou digno de desamarrar as correias das suas sandálias; ele os batizará com o Espírito Santo e com fogo. Ele tem a pá em suas mãos, para limpar a sua eira e recolher o trigo no seu celeiro; porém queimará a palha num fogo que nunca se apaga. (Lc 3.16-17).[172]

---

[171] Synan, *Century*, 2.
[172] Todas as citações das Escrituras em inglês foram tiradas da NIV (1996), a menos que indicado de outra forma. As desta tradução em português foram tiradas da NAA (2018).

A interpretação desta profecia – especificamente, as funções que ela atribui ao Espírito – é crucial, pois Lucas vê claramente esta profecia pelo menos parcialmente cumprida no Pentecostes com o batismo dos discípulos e discípulas no Espírito (At 1.4-5). James Dunn fala por muitos quando afirma que a profecia apresenta o Espírito como "purgativo e refinador para aqueles que se arrependeram, destrutivo... para aqueles que permaneceram impenitentes"[173]. No entanto, creio que essa interpretação deve ser rejeitada à luz da formação judaica, do contexto imediato com sua metáfora de joeiramento, e do contexto mais amplo de Lucas-Atos.

A formação judaica é particularmente instrutiva. Não há referências cristãs prévias a uma concessão messiânica do Espírito que purifica e transforma o indivíduo. No entanto, há uma abundância de passagens que descrevem o Messias como carismaticamente dotado do Espírito de Deus para que ele possa governar e julgar (por exemplo, 1 En 49.3; 62.2). Isaías 4.4 se refere ao Espírito de Deus como o meio pelo qual a nação de Israel (não indivíduos!) serão peneirados com os justos sendo separados dos ímpios e a nação assim purificada. Vários textos unem esses dois conceitos. Talvez o mais impressionante seja Salmo de Salomão 17.26-37, uma passagem que descreve como o Messias, "poderoso no Espírito Santo" (17.37), purificará Israel ao expulsar todos os estrangeiros e pecadores da nação. Isaías 11.2-4 declara que o Messias capacitado pelo Espírito matará o ímpio 'com o sopro [ruach] de seus lábios'"[174]. Neste contexto, não é difícil imaginar o Espírito de Deus como um instrumento

---

[173] Dunn, *Baptism in the Holy Spirit*, 13.
[174] Esta passagem encontra eco em 1 Enoque 62.2 e 1QSb 5.24-25.

empregado pelo Messias para peneirar e purificar a nação[175]. De fato, esses textos sugerem que quando João se referiu em linguagem metafórica ao dilúvio messiânico do Espírito, ele tinha em mente os oráculos de julgamento inspirados pelo Espírito proferidos pelo Messias (cf. Is 11.4), sopros do Espírito que separariam o joio do trigo. Lucas, escrevendo à luz do Pentecostes, vê o quadro mais completo e aplica a profecia ao testemunho da igreja primitiva inspirado pelo Espírito (At 1.4-5).

Por meio do testemunho deles, o joio é separado do trigo (Lc 3.17). Essa interpretação é reforçada pela metáfora do joeiramento, que retrata o vento como fonte de peneiramento. Visto que o termo traduzido como "vento" em grego (πνεῦμα) e hebraico (ruach) também é usado para se referir ao "Espírito", o simbolismo é particularmente impressionante. Este testemunho inspirado pelo Espírito e seu impacto são prefigurados pela profecia de Simeão em Lucas 2.34. Simeão, com referência a Jesus, declara: "Eis que este menino está destinado tanto para ruína como para elevação de muitos em Israel". Em suma, João descreveu a obra do Espírito, não como purificando indivíduos arrependidos, mas sim como um sopro do "fôlego" de Deus que peneiraria a nação. Lucas vê essa profecia, pelo menos com referência à obra de peneiração do Espírito, cumprida na missão da igreja inspirada pelo Espírito. O ponto essencial para o nosso propósito é que aqui Lucas apresenta o batismo do Espírito não como a fonte de limpeza para o indivíduo, mas sim como a força animadora por trás do testemunho da igreja[176].

---

[175] Então também Best, "*Spirit-Baptism,*" 237.

[176] Para uma versão mais detalhada do meu argumento, veja Menzies, *Empoderados para testemunhar*. Natal: Editora Carisma, 2021.

O ENVIO DOS SETENTA (LC 10.1-16)

Vamos agora nos voltar para um texto exclusivo do Evangelho de Lucas, o relato sobre o envio dos setenta (Lc 10.1-16). Todos os três Evangelhos sinópticos registram palavras de instrução de Jesus aos Doze ao enviá-los em sua missão. No entanto, apenas Lucas registra um segundo e maior envio de discípulos (Lc 10.1-16). Em Lucas 10.1, lemos: "Depois disso, o Senhor escolheu outros setenta [em alguns manuscritos se lê, 'setenta e dois'] e os enviou de dois em dois, para que fossem adiante dele a cada cidade e lugar onde ele haveria de passar". A seguir, uma série de instruções detalhadas. Finalmente, Jesus os lembra de sua autoridade: "Quem ouve vocês ouve a mim; e quem rejeita vocês é a mim que rejeita; quem, porém, me rejeita está rejeitando aquele que me enviou" (Lc 10.16). Uma questão central está no número de discípulos que Jesus teria enviado e seu significado. A evidência do manuscrito está, neste ponto, dividida. Alguns manuscritos dizem "setenta", enquanto outros listam o número como "setenta e dois". Bruce Metzger, em seu artigo sobre esta questão, observou que a evidência do manuscrito externo é uniformemente dividida e as considerações internas também são inconclusivas. Metzger concluiu, portanto, que o número "não pode ser determinado com confiança"[177]. Os estudos mais recentes concordam amplamente com Metzger, com a maioria optando cautelosamente pela autenticidade de "setenta e dois" como a leitura mais difícil[178]. Embora não possamos determinar

---

[177] Metzger, "Seventy or Seventy-Two Disciples?", 299-306 (citação, p. 306). Veja também a resposta de Jellicoe, "St Luke and the 'Seventy(-Two)'", 319-21.

[178] Uma "leitura mais difícil" refere-se a uma versão única de um texto preservado nos primeiros manuscritos que é difícil de explicar como uma

o número com confiança, será importante manter a natureza dividida da evidência do manuscrito em mente enquanto lutamos com o significado deste texto.

A maioria dos estudiosos concorda que o número tem um significado simbólico (que, por conveniência, vamos chamá-lo de "setenta"). Certamente, a seleção de doze discípulos por Jesus não foi acidental. O número doze simboliza claramente a reconstituição de Israel (Gn 35.23-26), o povo de Deus. Isso sugeriria que o número setenta está enraizado na narrativa do Antigo Testamento e que também tem um significado simbólico. Várias propostas foram apresentadas[179], mas eu argumentaria que o pano de fundo para a referência aos "setenta" pode ser encontrado em Números 11.24-30. Esta passagem descreve como o Senhor "desceu na nuvem e falou com Moisés. E, tirando do Espírito que estava sobre Moisés, o pôs sobre aqueles setenta anciãos. Quando o Espírito repousou sobre eles, profetizaram; mas isto nunca mais se repetiu" (Nm 11.25). Isso resultou nos setenta anciãos, que se reuniram ao redor da tenda, profetizando por um curto período. No entanto, dois outros anciãos, Eldad e Medad, não foram para a Tenda; em vez disso, permaneceram no acampamento. Mas o Espírito também desceu sobre eles e eles também começaram a profetizar e continuaram a fazê-lo. Josué, ouvindo essa notícia,

---

correção, omissão ou acréscimo do copista. Assim, essa leitura "difícil" costuma ser vista como autêntica. Todos os estudiosos a seguir favorecem a leitura "setenta e dois" como original: Bock, *Luke 9.51-24.53*, 994; Marshall, *Luke*, 415; Green, *Luke*, 409; Tannehill, *Narrative Unity*, 233; Evans, *Luke*, 172. Uma exceção a esta regra geral é John Nolland, que favorece a leitura dos "setenta" (Nolland, *Luke 9,21-18,34*, 546).

[179] Para as várias opções, ver Metzger, "Seventy or Seventy-Two Disciples?", 303-4, e Bock, *Luke 9.51–24.53*, 1015.

correu até Moisés e pediu-lhe que os parasse. "Porém Moisés lhe disse: Você está com ciúmes por mim? Eu gostaria que todo o povo do Senhor fosse profeta, que o Senhor lhes desse o seu Espírito!" (Nm 11.29). A proposta de Números 11 tem uma série de vantagens significativas sobre outras explicações: (1) ela explica as duas tradições textuais subjacentes a Lucas 10.1 (quantos realmente profetizaram em Números 11?); (2) encontra cumprimento explícito na narrativa de Atos; (3) se conecta a um dos grandes temas de Lucas-Atos, a obra do Espírito Santo; e (4) numerosas alusões a Moisés e suas ações na narrativa da viagem de Lucas apoiam nossa sugestão de que o simbolismo para a referência de Lucas aos Setenta deve ser encontrado em Números 11.[180]

Com este pano de fundo em mente, o significado do simbolismo é encontrado na expansão do número de discípulos "enviados" em missão dos Doze para os Setenta. A referência aos Setenta evoca memórias do desejo de Moisés de que "todo o povo do Senhor fosse profeta" e, dessa forma, aponta para o Pentecostes (At 2), onde esse desejo é inicial e dramaticamente cumprido. Este desejo continua a ser realizado em Atos, conforme Lucas descreve a vinda do Espírito de profecia capacitadora para outros novos centros de atividade missionária, como aqueles reunidos em Samaria (At 8.14-17), a casa de Cornélio (At 10.44-48) e Éfeso (At 19.1-7). A referência aos Setenta, então, não simplesmente antecipa a missão da igreja aos gentios; antes, ele prenuncia o derramamento do Espírito

---

[180] Para um apoio mais detalhado dessa posição, ver Menzies, *Language of the Spirit*, 73-82.

sobre todos os servos e servas do Senhor e sua participação universal na missão de Deus (At 2.17-18; cf. 4.31)[181].

Na opinião de Lucas, cada membro da igreja é chamado e capacitado a assumir a vocação profética de Israel e ser "uma luz para as nações", dando testemunho corajoso de Jesus (At 1.4-8; cf. Is 49.6)[182]. Longe de ser único e irrepetível ou limitado a alguns selecionados, Lucas enfatiza que a capacitação profética experimentada pelos discípulos e discípulas no Pentecostes está disponível para todo o povo de Deus. No Pentecostes, o desejo de Moisés agora começa a ser realizado. Lucas 10.1 antecipa o cumprimento desta realidade.

Em suma, Lucas apresenta o Envio dos Setenta, com seu chamado para "curar os enfermos" e proclamar "o Reino de Deus" (Lc 10.9; cf. At 8.12), como modelo para o posterior "envio" de todos os discípulos e discípulas de Jesus que começa no Pentecostes[183]. A natureza missiológica deste "envio" da unção (ou batismo no Espírito, cf. Atos 1. 5) que o torna possível não

---

[181] Nickle, *Preaching the Gospel of Luke*, 117: "Os 'Setenta' são a igreja em sua totalidade, incluindo a própria comunidade de Lucas, anunciando a incursão do governo real de Deus em toda a extensão de sua criação".

[182] Para uma perspectiva divergente, consulte os dois artigos de Max Turner, "Does Luke Believe Reception of the 'Spirit of Prophecy' Makes All 'Prophets'?," 3-24 e "Every Believer as a Witness in Acts?", 57-71. Turner argumenta que apenas um grupo seleto tem poderes para testemunho profético. Ainda assim, eu sugeriria que sua discussão falha em explicar adequadamente este texto.

[183] Lucas pretendia que seus leitores lessem as instruções de Jesus aos Setenta (Lc 10.1-16), que inclui oito diretrizes, como um modelo para suas próprias vidas. A única exceção é a ordem de viajar com pouca bagagem, sem "bolsa, sacola, sandálias" (Lc 10.4), que Jesus especificamente rescindiu em Lucas 22.36. Todos os outros comandos moldam a prática missionária da igreja primitiva, conforme registrado em Atos. Para uma discussão detalhada desta tese, veja Menzies, "Sending of the Seventy and Luke's Purpose", 87-113.

pode ser minimizada. Esta passagem, então, oferece um forte apoio para posição pentecostal[184].

PODER DO ALTO (LC 24.45-49)

No último capítulo do Evangelho de Lucas, há uma ênfase marcante na necessidade da morte e ressurreição de Jesus. Este tema começa com a mensagem dirigida às mulheres no túmulo de Jesus por dois anjos. Os anjos declaram às mulheres assustadas: "Estando elas com muito medo e baixando os olhos para o chão, eles disseram: — Por que vocês estão procurando entre os mortos aquele que vive? Ele não está aqui, mas ressuscitou. Lembrem-se do que ele falou para vocês, estando ainda na Galileia: 'É necessário que o Filho do Homem seja entregue nas mãos de pecadores, seja crucificado e ressuscite no terceiro dia'"" (Lc 24.5-7).

Este tema continua com a conversa de Jesus com os dois discípulos na estrada para Emaús. Os dois discípulos, que não reconhecem o Senhor ressuscitado, descrevem tudo o que aconteceu a ele. Descrevem o ministério de Jesus como "poderoso em palavras e ações" e falam de sua crucificação, o túmulo vazio e o relato surpreendente dos anjos de que Jesus estava vivo. Então, Jesus os interrompe com estas palavras: "Como vocês são insensatos e demoram para crer em tudo o que os profetas disseram! Não é verdade que o Cristo tinha de sofrer e entrar na sua glória?" (Lc 24.25-26). No próximo versículo, começamos a aprender porque

---

[184] Contra Max Turner, que afirma: "Lucas não retrata de fato toda a igreja como ativamente envolvida no testemunho" (Turner, *Power from on High*, 432).

esses eventos eram tão necessários: "E, começando por Moisés e todos os Profetas, explicou-lhes o que constava a respeito dele em todas as Escrituras" (Lc 24.27).

Finalmente, este tema atinge seu clímax com a aparição de Jesus aos discípulos que se reuniram em Jerusalém. Jesus declara a todos eles: "São estas as palavras que eu lhes falei, estando ainda com vocês: era necessário que se cumprisse tudo o que está escrito a respeito de mim na Lei de Moisés, nos Profetas e nos Salmos" (Lc 24.44). Então, Jesus "lhes abriu o entendimento para compreenderem as Escrituras" (Lc 24.45). Mas aqui somos informados de que Jesus não apenas revelou aos discípulos o significado das passagens do Antigo Testamento que falam da morte e ressurreição do Messias (Lc 24.46); também somos informados de que os ensinou com base nas Escrituras sobre a missão da igreja (Lc 24.47). Na verdade, Jesus declara que em seu nome será pregado o "arrependimento para remissão de pecados a todas as nações, começando em Jerusalém. Vocês são testemunhas destas coisas" (Lc 24.47-48).

É interessante considerar quais textos Jesus explicou aos discípulos. Certamente, este foi o maior estudo bíblico já realizado. Para quais textos Jesus abriu suas mentes? Embora nenhum de nós estivesse lá, Lucas nos dá muitas pistas sobre a identidade dos textos-chave discutidos. Por exemplo, quais passagens do Antigo Testamento falam da morte e ressurreição do Messias? Certamente, um texto para o qual Jesus "abriu suas mentes" a esse respeito foi Isaías 53. Mais tarde, na narrativa de Atos, uma parte de Isaías 53 é citada por Lucas quando ele conta a história do dramático encontro de Filipe com o eunuco etíope. "Peço que você me explique a quem se refere o profeta. Fala de si mesmo ou de outra pessoa?

Então Filipe explicou. E, começando com esta passagem da Escritura, anunciou-lhe a mensagem de Jesus" (At 8.34,35).

Também temos algumas pistas importantes sobre os textos que Jesus costumava ensinar sobre a missão da igreja. Um texto-chave foi certamente Isaías 49.6[185]. Em seu sermão na sinagoga de Antioquia da Pisídia, Paulo e Barnabé citam especificamente esse texto (At 13.47). Também forma o pano de fundo para a promessa de Jesus em Atos 1.8, "Mas vocês receberão poder, ao descer sobre vocês o Espírito Santo, e serão minhas testemunhas tanto em Jerusalém como em toda a Judeia e Samaria e até os confins da terra" (At 1.8)[186]. A frase "os confins da terra", ecoa Isaías 49.6. Este versículo importante, que sem dúvida ajudou a moldar a identidade da igreja primitiva, diz: "Sim, ele [o Senhor] diz: 'Para você, é muito pouco ser o meu servo para restaurar as tribos de Jacó e trazer de volta o remanescente de Israel. Farei também com que você seja uma luz para os gentios, para que você seja a minha salvação até os confins da terra'" (Is 49. 6). Nesse cenário, as palavras de Jesus em Atos 1.8 assumem um novo significado.

Em resposta à questão bastante limitada e etnocêntrica dos discípulos, "Será este o tempo em que o Senhor irá restaurar o reino a Israel?" (At 1.6), Jesus declara que não deveriam se preocupar com a restauração de Israel. Ele está fazendo isso. Mas o plano do Senhor para eles é maior do que podem imaginar. Ele os usará, não apenas para restaurar a nação, mas para

---

[185] Ver Tiede, "Exaltação de Jesus e a Restauração de Israel em Atos 1", pp. 285-2886.
[186] Outras alusões a Isaías 49.6 podem ser encontradas em Lucas 2.32; Atos 26.23; e talvez Atos 28.28.

cumprir o chamado profético de Israel. Eles devem ser "uma luz para as nações"[187].

A razão para esta ênfase na necessidade da morte e ressurreição de Jesus é agora revelada. É tudo parte do plano maravilhoso, contínuo e incrível de Deus – um plano que foi predito nas Escrituras (ou seja, o Antigo Testamento). Surpreendentemente, esse plano nos inclui (Lc 10.1; At 2.17-18).

Nós também fomos chamados para declarar seu "nome a todas as nações" (Lc 24.47). Nós também somos testemunhas desses eventos... testemunhas "até os confins da terra" (At 1.8). E então vem a promessa: "Eis que envio sobre vocês a promessa de meu Pai; permaneçam, pois, na cidade, até que vocês sejam revestidos do poder que vem do alto" (Lc 24.49). Torrey estava certo: é disso que trata o poder do Pentecostes.

---

[187] Em "Spirit and Salvation in Luke-Acts", 103-16, Turner dá grande importância às veladas referências de Isaías 32.15 em Lucas 24.49 e Lucas 1.35, muito mais peso pareceria do que as declarações explícitas de Lucas (por exemplo, Lucas 11.13; 24.47-49; Atos 1.8; 2.17-18). Essas alusões incentivam Turner a sugerir que, na visão de Lucas, o Espírito é o agente da "justiça, paz e vida" da comunidade cristã (p. 110). Creio que Isaías 49.6, que tem um enfoque missiológico, é um pano de fundo muito mais convincente para Lucas 24.49 e Atos 1.4-8. Em qualquer caso, nada disso deve obscurecer a força das declarações explícitas de Lucas. Essas alusões também levam Turner a ver o nascimento milagroso de Jesus pelo Espírito (Lucas 1.35) como um paralelo à experiência do Espírito do crente no Pentecostes (p. 113, nota 31). No entanto, certamente Lucas elaborou sua narrativa de forma a apresentar a experiência de Jesus com o Espírito Santo no Jordão (e seu comentário do AT sobre este evento na sinagoga em Nazaré) – o que o próprio Turner reconhece ser um capacitador para a missão – como o verdadeiro paralelo com a experiência dos discípulos no Pentecostes (novamente, interpretado como um cumprimento da profecia do AT por Pedro).

CONCLUSÃO

No final do século passado, aqueles que se consideravam pentecostais ou carismáticos já somavam mais de quinhentos milhões[188]. Um movimento iniciado em 1º de janeiro de 1901, no espaço de cem anos, emergiu como "o maior agregado de cristãos no planeta fora da Igreja Católica Romana"[189]. No entanto, apesar desse crescimento fenomenal, muitos ainda não veem os pentecostais como tendo muito a oferecer por meio da teologia. É um movimento de emoção e experiência, dizem. Essas vozes nos exortam a buscar em outro lugar a sã doutrina. Neste capítulo, procurei desafiar essa suposição errônea. Os pentecostais têm contribuições teológicas tremendamente importantes para dar à Igreja Universal como um todo.

Em primeiro lugar, os pentecostais estão chamando a igreja para dar uma nova atenção a Lucas-Atos. Somente ouvindo a voz distinta de Lucas podemos desenvolver uma doutrina verdadeiramente holística do Espírito Santo. Somente lendo Lucas-Atos em seus próprios termos podemos entender o significado do prometido batismo no Espírito Santo (At 1.5). Por muito tempo, a teologia protestante destacou as importantes percepções de Paulo sobre a obra do Espírito, mas ignorou amplamente a contribuição de Lucas. Nesse sentido, os pentecostais estão clamando por uma nova reforma.

Um dos grandes pontos fortes desta nova leitura de Lucas-Atos é que destaca a natureza missiológica do discipulado e da igreja. Lucas nos lembra que o Espírito Santo tem como

---

[188] Barratt e Johnson, "Annual Statistical Table on Global Mission: 2001," 25.
[189] Wacker, *Heaven Below*, 8.

objetivo inspirar o louvor e o testemunho de Jesus, e sua visão não conhece limites. Independentemente da raça, gênero ou classe, todos são chamados a participar da grande missão redentora de Deus. E a todos foi prometido poder para cumprir este chamado (At 1.8). Os pentecostais estão convocando a Igreja para recuperar seu poder primitivo e seu chamado apostólico. A igreja é nada menos do que uma comunidade de profetas chamados a dar corajoso testemunho de Jesus.

Capítulo 3

Glossolalia
Perspectiva de Paulo

A glossolalia[190] tem sido crucialmente importante para os pentecostais em todo o mundo por muitas razões, mas sugeriria que duas são de particular importância. Primeiro, falar em línguas destaca e valida a maneira única como os pentecostais leem o livro de Atos: Atos não é simplesmente um documento histórico; antes, Atos apresenta um modelo para

---

[190] "De acordo com a definição, a glossolalia é uma vocalização de sons que são apenas semelhantes, mas em seu significado semântico e sintaxe são diferentes de quaisquer línguas conhecidas. O termo foi formado a partir da língua grega "glosso, glossa" = língua e "lalein, laleo, lalia" = fala, tagarelice, e, portanto, a glossolalia é traduzida por "falar em línguas". O termo relacionado é "xenolalia", das palavras gregas "xenos" = estrangeiro e "lalia", e significa língua estrangeira. Indica conversação consciente em línguas reais existentes, estranhas apenas a quem não as aprendeu". Elvira Koić, Pavo Filaković, Sanea Nađ, Ivan Ćelić. "Glossolalia". *Collegium antropologicum*, Vol. 29 No. 1, 2005. Disponível em https://hrcak.srce.hr/index.php?show=clanak&id_clanak_jezik=8332. [N. do E.].

a vida da igreja contemporânea. Assim, as línguas servem como um sinal de que "sua experiência" é "nossa experiência" e que todos os dons do Espírito (incluindo os "dons de sinais") são válidos para a igreja hoje. Em segundo lugar, falar em línguas chama a igreja a reconhecer e lembrar sua verdadeira identidade: a igreja não é nada menos do que uma comunidade de profetas do tempo do fim chamados e capacitados para dar testemunho corajoso de Jesus. Em suma, a abordagem pentecostal para as línguas simboliza aspectos do movimento: sua hermenêutica única – que Atos e a igreja apostólica representam um modelo para a igreja hoje – e sua ênfase pneumatológica central – a natureza profética e missionária do dom pentecostal. Para os pentecostais, então, as línguas servem como um sinal de que o chamado e o poder da igreja apostólica são válidos para os crentes contemporâneos.

No capítulo seguinte, gostaria de explorar este tópico importante, "falar em línguas", examinando a perspectiva de Paulo sobre este dom espiritual. Em outro lugar, argumentei que é importante entender a natureza polêmica das palavras de Paulo em 1 Coríntios 12 a 14 e as preocupações subjacentes que as moldam[191]. Quando abordamos esta passagem importante a partir dessa perspectiva mais completa, descobrimos que Paulo aprecia mais o valor do sinal de línguas do que muitas vezes é reconhecido. Sua perspectiva se encaixa harmoniosamente e complementa o testemunho inspirado pelo Espírito fornecido por Lucas e pelo autor de *Longa Conclusão de Marcos* (Marcos 16.9-20). Além disso, quando lemos esta passagem com sensibilidade às preocupações finais de Paulo, também

---

[191] Veja o capítulo 6 em Menzies, *Glossolalia*. Natal: Editora Carisma.

descobrimos que o apóstolo destaca claramente a natureza edificante da glossolalia para o crente individual, afirma sua disponibilidade para cada crente e reconhece seu valor, em casos especiais, para toda a igreja reunida em adoração comunitária[192]. Podemos resumir dizendo que o Novo Testamento, e Paulo é um dos principais contribuintes aqui, destaca três maneiras pelas quais falar em línguas serve para encorajar e edificar os cristãos individualmente e a comunidade cristã como um todo: (1) as línguas servem como um sinal dramático e observável da presença poderosa de Deus em nosso meio e de seu chamado para nossas vidas; (2) as línguas são um meio poderoso pelo qual o Espírito energiza nossa oração e louvor; e, finalmente, (3) as línguas, de maneira semelhante à profecia, podem ser os meios pelos quais o Espírito Santo fala ao corpo maior por meio das declarações inspiradas de crentes individuais. Em meus escritos anteriores, destaquei a maneira como a glossolalia funciona como um sinal e, às vezes, em ambientes comunitários como uma forma de proclamação[193]. Neste capítulo, explicarei como, na visão de Paulo, falar em línguas funciona como um auxílio para nossa vida de oração e nos auxilia em nossa adoração a Deus.

LÍNGUAS COMO GLOSSOLALIA

Paulo começa sua discussão sobre os dons espirituais em 1 Coríntios 12 a 14 com uma declaração impressionante. Ele lembra aos coríntios seu passado pagão: "Vocês sabem que,

---

[192] Para argumentos detalhados e de apoio a essas conclusões, consulte Menzies, *Glossolalia*, especialmente os capítulos 5-7.
[193] Menzies, *Glossolalia*, Capítulos 6 e 7.

quando eram gentios, se deixavam conduzir aos ídolos mudos, conforme vocês eram guiados" (1 Co 12.2). Paulo aqui ecoa o repúdio do Antigo Testamento à loucura de adorar objetos feitos por mãos humanas. O Salmo 115.5, que goteja ironia, ilustra bem o tema: "Têm boca, mas não falam; olhos, mas não veem".

O apóstolo então muda o foco do passado pagão para o presente cristão. A referência a "ídolos mudos" contrasta fortemente com a experiência atual de Deus dos cristãos coríntios. O Deus que tão bela e concretamente se revelou em Cristo continua a falar pelo Espírito e através deles quando o Espírito Santo inspira louvor a Jesus em seu meio. Paulo declara: "ninguém pode dizer: 'Jesus é o Senhor', exceto pelo Espírito Santo" (1Co 12.3).

A instrução do apóstolo sobre os dons do Espírito que se segue (1 Co 12 a 14) é, na realidade, uma continuação deste tema. O Deus que fala e age por inspiração do Espírito Santo é o Deus transcendente que anseia por relacionamento, que "não está longe de cada um de nós" e que se revelou supremamente em Jesus (At 17.24-31). Este Deus, o único Deus verdadeiro, fala.

Uma das maneiras pelas quais Deus fala é por meio de orações inspiradas pelo Espírito Santo. Como já observamos, essas orações às vezes assumem a forma de glossolalia. Paulo se refere a este tipo de oração quando descreve a habilidade de falar em "diferentes tipos de línguas" (γένη γλωσσῶν; 1Co 12.10) como um dos "dons" (χαρισμάτων; 1Co 12.4) do Espírito. Paulo frequentemente usa a frase, λαλέω γλώσσαις ("falar em línguas"), quando se refere a este dom[194].

---

[194] 1Coríntios 12.30; 13.1; 14.2, 4, 6, 13, 18, 23, 27, 39.

Deve-se notar que esta frase, λαλέω γλώσσαις ("falar em línguas"), normalmente se refere a expressões ininteligíveis inspiradas pelo Espírito Santo. Este é certamente o caso de Paulo[195]. De acordo com ele, as línguas devem ser interpretadas se quiserem ser compreendidas (1Co 14.6-19, 28; cf. 12.10, 30). Aquele que fala em línguas "não fala aos homens, mas a Deus" e "profere mistérios" pelo Espírito (1Co 14. 2). O apóstolo também declara: "Se eu orar em língua, o meu espírito ora, mas a minha mente fica infrutífera" (1Co 14.14). Além disso, de acordo com ele, essas "línguas" ininteligíveis normalmente não assumem a forma de línguas humanas desconhecidas (xenolalia). Isso é evidente a partir do uso de Paulo ao longo desta passagem, 1 Coríntios 12 a 14. Ele não admite a possibilidade de que alguém com conhecimento adquirido da "língua" falada esteja presente e seja capaz de interpretar. Pelo contrário, insiste que só se pode interpretar essas línguas se tiver um dom especial do Espírito para fazê-lo (1Co 12.10). Por esta razão, vários comentaristas sugeriram que ele considerava o dom de línguas como a capacidade milagrosa de falar as línguas dos anjos (1Co 13.1)[196]. Em 1 Coríntios 13.1, a frase, "as línguas de homens e anjos", provavelmente se refere a dois tipos de fala espontânea inspirada pelo Espírito. Aqui, Paulo parece ligar o primeiro com a profecia e o último com "falar em línguas" ou glossolalia. Tudo isso indica que quando se refere ao dom de línguas ou ao falar em línguas, normalmente ele não tem xenolalia em mente. Muito pelo contrário, com essas frases, o apóstolo se refere a declarações espontâneas inspiradas pelo

---

[195] A única ocorrência de xenolalia no Novo Testamento é encontrada em Atos 2.
[196] Ver, por exemplo, Stibbe, *Know Your Spiritual Gifts*, 156.

Espírito Santo que são ininteligíveis tanto para quem fala quanto para quem ouve. Neste ponto, muitos podem ser tentados a perguntar, então por que falar em línguas? Qual é o valor de falar palavras que ninguém entende? Essa é a questão que desejo abordar nas páginas que se seguem. Vamos começar nossa resposta examinando a atitude de Paulo em relação às línguas em 1Coríntios 12 a 14.

ATITUDE DE PAULO PARA AS LÍNGUAS

Mesmo uma leitura casual de 1Coríntios 12 a 14 revela um fato óbvio: nem tudo estava bem na igreja de Corinto. Os cristãos ali exibiam uma séria falta de compreensão a respeito do propósito e uso dos dons espirituais. Isso, por sua vez, teve um impacto significativamente negativo em suas reuniões corporativas. O mau uso dos dons espirituais estava criando divisões dentro da igreja e alienando desnecessariamente outras pessoas de fora da igreja.

Os problemas em Corinto, pelo menos com referência à sua adoração corporativa, centravam-se na incompreensão e no abuso do dom de línguas. Os coríntios exibiam uma notável falta de preocupação com a inteligibilidade em suas reuniões (1Co 14.23-25). Assim, Paulo os lembra que quem fala em línguas "profere mistérios" (1Co 14.2) e não edifica os outros (1 Co 14.4). E pergunta: "Assim também vocês, se com a língua não disserem palavra compreensível, como se entenderá o que é dito?" (1Co 14.9). Por fim, Paulo os exorta, "Irmãos, não sejam meninos no entendimento" (1Co 14.20). Ele insiste que as línguas não devem eclipsar a proclamação ou instrução (1Co 14.23-25). O apóstolo então conclui com uma ordem: "No caso de alguém falar em línguas... haja alguém que interprete" (1 Co 14.27). O abuso de línguas dos coríntios, no entanto, fluiu de uma mesma fonte mais perturbadora. Pelo menos uma facção em Corinto via o falar em línguas como um meio de estabelecer seu status superior. Falar em línguas ofereceu-lhes um meio pelo qual poderiam mostrar sua autoridade e poder sobre outros na igreja. Paulo procura corrigir essa mentalidade imatura e destrutiva e faz isso destacando a rica variedade dos dons graciosos de Deus (1Co 12.4-6). Declara que todos têm um papel a desempenhar na adoração comunitária (1Co 12.11-27) e que a edificação é o objetivo principal (1Co 12.7). Em última análise, seu argumento atinge a retórica às alturas com seu chamado para exercer o amor: "Ainda que eu fale as línguas dos homens e dos anjos, se não tiver amor, serei como o bronze que soa ou como o címbalo que retine" (1Co 13.1).

Tudo isso está claro, mas não é o quadro completo. Infelizmente, muitos cristãos hoje não entendem esse ponto. Eles simplesmente encobrem a superfície, leem a linguagem polêmica de Paulo e descartam as línguas como uma aberração exótica, uma resposta imatura e emocional que é, na melhor das hipóteses, desatualizada e muitas vezes prejudicial e divisiva. Essas percepções negativas foram reforçadas por vários estudos psicológicos de uma geração anterior que apenas repetiam pressuposições já estabelecidas. Embora as metodologias espúrias e as conclusões duvidosas desses primeiros estudos tenham sido desacreditadas por pesquisas mais recentes e confiáveis[197], os estereótipos negativos desses estudos têm custado muito a desaparecer.

---

[197] Max Turner declara: "Contrariamente às afirmações anteriores, não há evidências de que 'falar em línguas' esteja correlacionado com baixo

É importante ler a polêmica de Paulo contra o abuso de línguas em 1Coríntios 12 a 14 com duas vertentes adicionais de evidência bíblica em mente. Primeiro, devemos reconhecer que o apóstolo critica o abuso de línguas, não o dom em si. Isso explica por que ele mostra tal restrição notável em seu ensino sobre os dons do Espírito em geral e o falar em línguas em particular. Em vista dos problemas em Corinto, as palavras de Paulo no início desta carta à igreja são verdadeiramente surpreendentes. Ele escreve:

> Sempre dou graças ao meu Deus por vocês, por causa da graça de Deus que foi dada a vocês em Cristo Jesus. Porque em tudo vocês foram enriquecidos nele, em toda a palavra e em todo o conhecimento, assim como o testemunho de Cristo tem sido confirmado em vocês, de maneira que não lhes falta nenhum dom, enquanto aguardam a revelação de nosso Senhor Jesus Cristo. (1Co 1. 4-7)

Assim, no início de sua epístola, Paulo afirma sem sombra de dúvidas a origem divina e o impacto potencialmente rico dos próprios dons que estavam causando os maiores problemas na igreja. Que esta não é apenas uma estratégia retórica para conquistar os coríntios fica claro quando olhamos de perto a instrução de Paulo em 1Coríntios 12 a 14. Embora o apóstolo busque corrigir visões e práticas errôneas, ele não nega a validade das línguas nem desvaloriza o valor do dom. Na verdade, é bastante positivo com relação às línguas quando o dom é

---

intelecto, educação, posição social ou psicologia patológica" (*Holy Spirit and Spiritual Gifts*, 305). Veja também os numerosos estudos que ele cita.

usado pelas razões certas e no ambiente apropriado. Paulo afirma que a manifestação privada de línguas é edificante para quem fala (1Co 14.5) e, em nota autobiográfica, agradece a Deus pela frequente manifestação de línguas em sua vida de oração privada (1 Co 14.18). Temeroso de que suas instruções aos coríntios a respeito do uso adequado de línguas "na assembleia" sejam mal interpretadas, ele os ordena explicitamente a não proibir o falar em línguas (1Co 14.39). E, com referência à manifestação privada de línguas, declara: "Gostaria que cada um de vós falasse em línguas" (1Co 14.5).

Voltemos agora à questão colocada anteriormente, por que devemos falar palavras que ninguém entende? Como falar em línguas nos enriquece "em todos os sentidos"? A resposta está na descrição do apóstolo do falar em línguas como uma forma especial de oração, uma forma especial de comunhão com Deus. Aqui é útil ter em mente a segunda vertente de dados bíblicos que nos ajuda a manter uma leitura mais equilibrada de Paulo: numerosas passagens do Novo Testamento fora de 1Coríntios, a maioria das quais também foram escritas pelo apóstolo, acrescentam uma perspectiva adicional sobre esse dom. Esses textos, em conjunto com o ensino em 1Coríntios 12 a 14, permitem-nos descrever a natureza do dom de línguas com alguns detalhes. Quando examinamos esse material bíblico, descobrimos que o Novo Testamento e Paulo em particular apresentam o falar em línguas como uma oração inspirada pelo Espírito que resulta em louvor a Deus ou intercessão por outras pessoas.

LÍNGUAS COMO LOUVOR

Paulo descreve o falar em línguas como um dom que funciona em dois ambientes distintos: o privado e o comunitário. O abuso de línguas dos coríntios acontecia durante suas reuniões, quando adoravam juntos. Portanto, o apóstolo desafia suas atitudes impróprias e a manifestação de línguas nesses ambientes comunitários. Examinei o ensino de Paulo sobre o uso adequado de línguas no ambiente comunitário em outro texto[198]. Aqui, no entanto, quero examinar o que suas orientações nos dizem sobre a manifestação privada deste dom.

Como já observamos, Paulo é bastante positivo quanto à manifestação privada de línguas. Ele afirma explicitamente que as línguas são edificantes, que elas "edificam" aquele que fala (1Co 14.4). As palavras do apóstolo aqui também nos ajudam a começar a entender como essa edificação ocorre. Ele declara que "Pois quem fala em línguas não fala para as pessoas, mas fala para Deus" (1Co 14.2). Na verdade, a pessoa que fala em línguas "fala mistérios" pelo Espírito (1Co 14.2).

Embora Paulo possa usar o termo "mistério" (μυστήριον) para se referir a aspectos específicos do plano redentor de Deus (por exemplo, a inclusão dos gentios, Ef 3.6), ele usa o termo de várias maneiras. Aqui, o termo simplesmente "carrega... o sentido daquilo que está fora do entendimento, tanto para o falante quanto para o ouvinte"[199]. Como Gordon Fee observa, essa compreensão do termo flui naturalmente do fato de que o falante está se dirigindo a Deus. O conteúdo dos mistérios específicos relativos ao plano de Deus revelado pelo Espírito

---

[198] Menzies, *Glossolalia*, capítulo 7.
[199] Fee, *Corinthians*, 656.

"não precisaria ser revelado de volta para Deus"[200]. O ponto de Paulo é, portanto, relativamente simples: a pessoa que fala em línguas fala palavras conhecidas apenas por Deus.

Seguem-se duas outras implicações importantes. O apóstolo declara que estas palavras, conhecidas apenas por Deus, são inspiradas pelo Espírito Santo e são dirigidas a Deus. Embora a descrição das línguas seja endereçada "não... aos homens, mas a Deus" (1Co 14.2), pode destacar sua ininteligibilidade (só Deus os entende) ao invés de seu conteúdo específico (apenas louvor dirigido a Deus), pode haver pouca dúvida de que Paulo antecipa que a expressão privada de línguas frequentemente assumirá a forma de louvor dirigido a Deus. Este entendimento de línguas como oração doxológica é antecipado no início da discussão do apóstolo sobre dons espirituais. Enquanto os ídolos estão mudos, o Deus verdadeiro inspira louvor a Jesus por meio do Espírito Santo (1Co 12.3).

É claro que esse louvor inspirado é frequentemente expresso com palavras inteligíveis, sejam cantadas ou proclamadas. No entanto, Paulo deixa claro que às vezes esse louvor será expresso em palavras que não são compreendidas (ou seja, glossolalia).

1Coríntios 14.14-17. Esta compreensão doxológica de línguas surge novamente mais tarde no argumento do apóstolo. Em 1Coríntios 14.14-17, seu objetivo principal é persuadir os coríntios a enfatizar o discurso inteligível em suas reuniões comunitárias. Então ele declara: "Porque, se eu orar em línguas, o meu espírito, de fato, ora, mas a minha mente fica infrutífera. Que farei, então? Vou orar com o espírito, mas também vou

---

[200] Fee, *Corinthians*, 656.

orar com a mente; vou cantar com o espírito, mas também vou cantar com a mente" (1Co 14. 14-15).

Os contrastes que Paulo faz entre orar e cantar com "meu espírito" e com "minha mente" são instrutivos. Primeiro, é evidente que quando fala aqui de orar com "meu espírito", a atividade do Espírito Santo orando com ou por meio de seu espírito está implícita[201]. O contexto mais amplo de 1 Coríntios 12 a 14 exige isso (1Co 12.7-11; 14.2,16). Além disso, o contraste que o apóstolo oferece com os termos "meu espírito" e "minha mente" destaca o ponto importante observado acima. Quando o Espírito produz louvor glossolálico orando com e por meio de nosso espírito, nossas mentes não estão totalmente engajadas; ou, para simplificar, não entendemos o que o Espírito está dizendo por nosso intermédio. No entanto, apesar dessa falta de compreensão, Paulo afirma que à medida que o Espírito ora por meio de nós, somos edificados.

O fato de sermos edificados e enriquecidos por esta comunhão não cognitiva com Deus não deve nos surpreender. Os místicos e a tradição contemplativa destacaram essa verdade por séculos. Lembro-me de vários anos atrás, participando de uma reunião de oração matinal em uma instituição teológica. O líder da sessão pediu um longo período de silêncio. Na verdade, quase todo o nosso tempo de oração era passado em silêncio absoluto. Terminado o tempo de oração, conversei com o homem que dirigira a sessão. Percebi que apreciei o período de silêncio, mas me perguntei se eles alguma vez

---

[201] Em 1 Coríntios 14.15 o grego é ambíguo e pode ser traduzido como "orar com meu espírito" ou "orar no Espírito"; o mesmo ocorre com o verbo "cantar". De qualquer forma, a inspiração do Espírito Santo está implícita ou explicitamente declarada.

expressaram suas orações com gritos de alegria e também em altas declarações de louvor. Ele pensou por um momento e então respondeu: "Não, nós seguimos os místicos e a tradição contemplativa". Ele acrescentou: "Os místicos sentiram que através do silêncio somos capazes de experimentar Deus diretamente, de uma forma não mediada que transcende nossas faculdades racionais". Sorri e ele começou a sorrir também. Ele sabia que eu era pentecostal e antecipou minha resposta. Respondi, então: "É exatamente assim que nós, pentecostais, descrevemos nossa experiência de falar em línguas. Quando falamos em línguas, experimentamos Deus diretamente, de uma forma que transcende nossos processos cognitivos. No entanto, existe uma diferença. Quando falamos em línguas, raramente é silencioso. Geralmente o falar é alto e alegre". Eu acrescentaria que nós, pentecostais, juntamente com Paulo, entendemos que existe uma dimensão cognitiva importante para nossa fé e adoração.

Essa experiência mística de línguas é baseada no evangelho e no ensino bíblico. Como resultado, é uma experiência que acima de tudo traz louvor e glória a Jesus. Se falar em línguas para Paulo e pentecostais é uma experiência mística, não deixa de ser uma experiência centrada em Cristo. Ulrich Luz, em seu ensaio, "Paul as Mystic" [Paulo como místico], afirma bem o assunto. Ele argumenta que o dom do Espírito é a base experimental do Cristo-misticismo de Paulo, que se centra na "conformidade do crente com o Senhor Jesus em sua paixão e em sua glória de ressurreição"[202]. Luz observa que "o medo e o pânico face ao 'entusiasmo' e qualquer *theologia gloriae* presentes

---

[202] Luz, "Paul as Mystic", 140.

entre muitos teólogos protestantes são desconhecidos de Paulo, pois não se trata de sua própria glória, mas a de Cristo"[203].

A natureza centrada em Cristo desta experiência carismática torna-se ainda mais aparente quando examinamos mais a compreensão de Paulo da glossolalia como oração doxológica. Antes de prosseguirmos, entretanto, vamos primeiro resumir nosso argumento até este ponto. Paulo afirma que a glossolalia é um discurso inspirado pelo Espírito Santo. Embora o significado específico das palavras pronunciadas seja desconhecido para nós, Deus o conhece. Na verdade, essas palavras normalmente assumem a forma de louvor dirigido a Deus. Esta função doxológica das línguas é antecipada em 1Coríntios 12.2-3 e explicitamente declarada em 1Coríntios 14.14-17.

Em 1Coríntios 14.14-15, Paulo se refere a orar e cantar com seu espírito, que sem dúvida ocorre por inspiração do Espírito Santo. Como vimos, o contexto, "Porque se eu orar em outra língua..." (14.14), e o contraste entre "espírito" e "mente" indica que este tipo de oração inspirado pelo Espírito (προσεύξομαι τῷ πνεύματι) e canto (ψαλῶ τῷ πνεύματι) é, na realidade, orar em línguas e cantar em línguas. Paulo descreve a natureza dessa oração e canto em línguas em 1Coríntios 14.16-17. No versículo 16, ele se refere a orar e cantar em línguas como um louvor dirigido a Deus ("Se você louvar apenas em espírito")[204]. Então, no próximo versículo, o apóstolo descreve esta glossolalia inspirada pelo Espírito como um meio de agradecer, "sua oração de agradecimento pode ser muito boa" (1Co 14.17). Embora ele

---

[203] Luz, "Paul as Mystic", 141.

[204] Novamente, o texto grego é ambíguo aqui. 1Coríntios 14.16 pode ser traduzido, "Se você está louvando a Deus com o seu espírito" ou "Se você está louvando a Deus no Espírito".

não elabore mais aqui, já que sua principal preocupação está em outro lugar, esses versículos indicam que Paulo entende orar e cantar em línguas (literalmente, vou orar [προσεύξομαι τῷ πνεύματι] e cantar [ψαλῶ τῷ πνεύματι] no Espírito) como uma forma carismática de agradecimento e louvor.

Efésios 6.18. Esse entendimento das línguas como oração doxológica é afirmado em várias outras passagens paulinas. Nessa passagem, imediatamente após encorajar seus leitores a "tomarem a espada do Espírito" (v. 17), Paulo os exorta a "orar no Espírito [προσευχόμενοι... ἐν πνεύματι] em todas as ocasiões com todos os tipos de orações e súplicas". A paráfrase deste versículo de James Dunn é útil, "em cada situação específica, mantenha-se aberto à oração do Espírito"[205]. O texto aqui é quase idêntico a 1Coríntios 14.15. Ambos os versículos falam de "orar no Espírito" (προσεύχομαι ἐν/τῷ πνεύματι). Isso sugere que em Efésios 6.18 a exortação de Paulo para se envolver em oração carismática inclui a noção de orar em línguas, mesmo que não se restrinja exclusivamente a isso. O fato do apóstolo exortar os efésios a orar "em todas as ocasiões" ou "em todos os momentos", uma exortação que é repetida na segunda metade do versículo ("para isto vigiem com toda perseverança e súplica por todos os santos" (Ef 6.18), sugere que ele aqui está falando amplamente da oração espontânea inspirada pelo Espírito.

Em sua mente, esse tipo de oração provavelmente incluía a oração glossolálica, bem como formas inteligíveis de louvor, intercessão e petição. Essa perspectiva mais ampla provavelmente também está implícita na frase "com todos os tipos de orações e pedidos" (Ef 6.18). O pensamento de intercessão está

---

[205] Dunn, *Jesus and the Spirit*, 239.

claramente em primeiro lugar na mente de Paulo na última parte do versículo, mas a exortação inicial é ampla e parece incluir louvor e ação de graças também.

Judas 20. A exortação para "orar no Espírito" também aparece em uma outra passagem não paulina. Aqui lemos: "Mas vocês, meus amados, edificando-se na fé santíssima que vocês têm, orando no Espírito Santo [ἐν πνεύματι ἁγίῳ προσευχόμενοι]". Judas foi escrito pelo irmão de Jesus (e Tiago) no final dos anos 50 ou início dos anos 60 AD. Judas escreveu para combater os falsos mestres que se apropriaram indevidamente do ensino de Paulo sobre a graça levando-os a extremos doentios[206]. Esses falsos mestres alegaram ter o Espírito Santo, mas Judas insiste que eles simplesmente "seguem os seus próprios instintos e não têm o Espírito" (Jd 19)[207]. No versículo 20, a falta de Espírito dos falsos mestres é contrastada com a qualidade inspirada pelo Espírito nas orações dos irmãos e irmãs na igreja. A linguagem que é usada, "orando no Espírito Santo", é semelhante ao uso de Paulo em 1Coríntios 14.15-16 e Efésios 6.18. Assim, como Towner e Harvey observam, "há um forte consenso de que aqui Judas significa oração em uma língua concedida pelo Espírito (glossolalia)"[208].

Orar no Espírito nessa passagem é descrito como um meio de edificar a si mesmo "em sua santíssima fé". Como essa

---

[206] Green, *Jude*, 17-18.

[207] De acordo com Harvey e Towner, o termo "sonhadores" (Judas 8) sugere que os falsos mestres reivindicaram revelação profética e visionária (Harvey and Towner, *Jude*, 196).

[208] Harvey and Towner, *Jude*, 225. Assim também Dunn, *Jesus and the Spirit*, 245-46, e Bauckham, *Jude*, 113: ambos descrevem a oração como "oração carismática" que inclui glossolalia.

edificação ocorre? O contexto de Judas e a maneira como essa oração carismática é descrita em outras partes do Novo Testamento sugerem que há pelo menos três maneiras pelas quais a glossolalia inspirada pelo Espírito "edifica" aquele que ora.

Primeiro, como vemos claramente em Atos, orar em línguas fortalece o senso de conexão dos crentes com a fé apostólica. Mais especificamente, neste caso, a glossolalia serve como um sinal dramático e tangível (tanto para o indivíduo quanto para a comunidade), em oposição aos falsos mestres, de que eles são de fato o verdadeiro povo de Deus. Além disso, acrescentaria que o Espírito nos edifica em nossa mais profunda santa fé, intercedendo por nosso intermédio e por nós (Rm 8.26-27). Em meio a nossas fraquezas, o Espírito ora por nós. Este é um tema que desenvolveremos a seguir.

Finalmente, conforme o Espírito ora por meio dos crentes, há também um forte senso de comunhão com Cristo. Isso é expresso lindamente na oração de *Aba* de Romanos 8.15-16 e Gálatas 4.6, e implícito em 1Coríntios (cf. 12.3; 14.2, 14-17). Paulo declara que "O próprio Espírito confirma ao nosso espírito que somos filhos de Deus" (Rm 8.16). Embora a oração do *Aba* provavelmente descreva a oração carismática de forma mais ampla, sem dúvida inclui a oração glossolálica[209]. Além disso, pinta um quadro poderoso do que acontece quando o Espírito ora por meio de nós. Somos arrebatados pelo amor de Cristo e cheios de alegria quando começamos a vislumbrar em parte a maravilha de nossa adoção como filhos de Deus. De alguma forma, o Espírito Santo revela um pouco da majestade e maravilha da graça de Deus para nós enquanto ora através

---

[209] Isso quer dizer que, ocasionalmente, a oração do *Aba* pode ser expressa por meio do falar em línguas.

de nós. Não é de admirar que sejamos arrebatados pelo êxtase espiritual e que as palavras humanas falhem em expressar o que sentimos[210]. Não é de admirar que, à medida que o Espírito ora por meio de nós e declara "as prodígios de Deus" (At 2.11; cf. 1Co 14.16-17), ele reverte ao seu vernáculo, a linguagem do céu.

Este último ponto serve para nos lembrar da beleza e do poder transformador da adoração. À medida que louvamos e agradecemos a Deus, nossa perspectiva muda. Nossas fraquezas e lutas parecem desaparecer à medida que somos conduzidos à presença de um Deus poderoso. Certamente, todo encontro com Deus, toda experiência de adoração centrada em Cristo é energizada pelo Espírito Santo. No entanto, Paulo e a igreja primitiva entenderam que nossa adoração é frequentemente energizada de uma forma especial pelo Espírito Santo. Esses momentos espontâneos de êxtase espiritual são descritos com a frase "no Espírito"[211]. Essas experiências maravilhosas geralmente incluem o louvor glossolálico.

1Tessalonicenses 5.19. Em 1Tessalonicenses 5.16-22, Paulo menciona esse tipo de experiência carismática. Ele oferece à igreja de Tessalônica uma série de exortações com estas palavras: "Estejam sempre alegres. Orem sem cessar. Em tudo, deem graças, porque esta é a vontade de Deus para vocês

---

[210] Como observamos, tanto Moody quanto Torrey falaram de experiências de êxtase espiritual: Torrey, arrancado de sua cadeira, gritou repetidamente: "Glória a Deus", e mais tarde observou, "era como se algum outro poder além do meu próprio estava movendo minhas mandíbulas" (*Holy Spirit*, 199-200); A experiência de Moody foi tão impressionante que ele "teve que pedir a Deus para segurar Sua mão, para que ele não morresse de alegria" (Marsden, *Fundamentalism*, 78).

[211] Assim também Bauckham, Judas, 113, que cita vários textos do Novo Testamento, incluindo Lucas 2.27; 4.1; Atos 19.21; e 1Coríntios 12.3 entre outros.

em Cristo Jesus" (1Ts 5.16-18). Essas exortações se aplicam principalmente aos crentes individualmente e são expressas diariamente em meio aos diversos desafios e situações que cada pessoa enfrenta. Então, eu diria, Paulo muda sua atenção para a vida da comunidade dos tessalonicenses. Ele emite uma série de mandamentos que são projetados para melhorar sua adoração corporativa, que por sua vez, permitirá que os cristãos e as cristãs individualmente abracem as exortações pessoais que ele acaba de entregar. As instruções do apóstolo para sua "vida juntos" são as seguintes: "Não apaguem o Espírito. Não desprezem as profecias. Examinem todas as coisas, retenham o que é bom. Abstenham-se de toda forma de mal" (1Ts 5.19-22).

A estrutura das palavras de Paulo neste ponto é instrutiva. Note como ele justapõe "não apaguem o Espírito" com "não desprezem as profecias". Sua redação neste ponto é uma reminiscência de sua combinação de línguas e profecia em 1 Coríntios 14.39, onde ele declara: "procurem com zelo o dom de profetizar e não proíbam que se fale em línguas". Na verdade, este versículo forma um paralelo notável com 1 Tessalonicenses 5.19-20. É claro que a estreita associação entre profecia e línguas também é característica do livro de Atos. Línguas e profecias estão explicitamente ligadas em Atos 19.6 e, por implicação, em Atos 2.16-18 e Atos 10.43-46. Tudo isso sugere que quando Paulo incentiva seus leitores a "não apagar o Espírito", ele tem o falar em línguas especificamente em mente[212]. Esta conclusão, por sua vez, sugere que falar em línguas, como a profecia, pode nos ajudar em nossa busca de "estar sempre alegres" e nos ajudar quando procuramos "orar sem cessar" e dar graças em

---

[212] Então também Sweet, "*Glossolalia*", 153.

todas as circunstâncias (1Ts 5.16-18). O contexto mais amplo das epístolas de Paulo indica que isso está muito de acordo com seu ensino em outros lugares (cf. 1Co 14.5-17; Ef 5.8-20; 6.18). Quando vemos que as línguas são, acima de tudo, oração doxológica inspirada pelo Espírito, as conexões que o apóstolo faz entre falar em línguas e orações alegres e ações de graças são inteiramente compreensíveis.

Efésios 5.18 e Colossenses 3.16. Além de 1Coríntios 12.2-3; 14.14-17; Efésios 6.18; Judas 20; e 1Tessalonicenses 5.19, duas outras passagens apresentam o falar em línguas como uma forma de oração doxológica[213]. Em Efésios 5.18, Paulo admoesta seus leitores a não se embriagarem de vinho; em vez disso, declara, "deixem-se encher do Espírito". Nos versículos que se seguem (Ef 5.18-21), ele usa uma série de particípios para descrever o que esse imperativo significa. Ser cheio do Espírito, então, envolve: (1) "falar" uns com os outros com salmos, hinos e cânticos espirituais (v. 19a); (2) "cantar" e "louvar" em seu coração para o Senhor (v. 19b); (3) "dando graças" sempre a Deus Pai em nome de nosso Senhor Jesus Cristo por tudo (v. 20); e (4) "sujeitem-se" uns aos outros por reverência a Cristo (v. 21). A frase inicial em Efésios 5.19 citada acima é especialmente importante para nosso estudo. O apóstolo exorta os crentes efésios a "falar uns com os outros com salmos, hinos e cânticos espirituais [ᾠδαῖς πνευματικαῖς]" (Ef 5.19).

Encontramos outro paralelo próximo a essa passagem em Colossenses 3.16. Nesse versículo, Paulo encoraja seus leitores com estas palavras: "Que a palavra de Cristo habite ricamente em vocês. Instruam e aconselhem-se mutuamente em toda

---

[213] Atos 2.11 e 10.46 (e implicitamente 19.6) também poderiam ser adicionados a esta lista, mas não discutiremos esses textos aqui.

a sabedoria, louvando a Deus com salmos, hinos e cânticos espirituais, com gratidão no coração" (Cl 3.16). A frase grega traduzida como "salmos, hinos e cânticos espirituais" em ambos os textos é virtualmente idêntica. Como observa James Dunn, esses textos, em conjunto com 1Coríntios 14.15, demonstram que "Paulo reconhece uma espécie de hino carismático - tanto um canto em línguas... e um cântico com palavras inteligíveis"[214]. De fato, há várias indicações que apontam para o fato de que ele vê esse hino carismático como incluindo o falar em línguas. Primeiro, como observamos, o contraste em 1Coríntios 14.15 entre cantar "com meu espírito" e cantar "com minha mente" distingue claramente entre cantar em línguas de um lado e cantar com palavras inteligíveis do outro. Portanto, aqui, neste texto, o apóstolo se refere inequivocamente ao canto em línguas como uma forma de ação de graças e louvor carismáticos (cf. 1Co 14.16-17). Em segundo lugar, há uma espontaneidade e óbvia qualidade carismática que está implícita tanto no contraste entre estar bêbado com vinho e estar cheio do Espírito (Ef 5.18) e o vocabulário empregado em Colossenses 3.16 ("palavra de Deus", "em toda a sabedoria" e "com graça")[215]. Finalmente, o adjetivo que qualifica o terceiro tipo de canto citado em ambas as listas, "espirituais" (πνευματικαῖς), sugere que Paulo aqui, como em 1 Coríntios 14.15, está novamente falando sobre diferentes tipos de canto carismático: inteligível (salmos e hinos) e canções ininteligíveis ou glossolálicas (canções espirituais)[216]. O termo "espiritual"

---

[214] Dunn, *Jesus and the Spirit*, 238.
[215] Este ponto é apresentado por Dunn, *Jesus and the Spirit*, 238
[216] Se "espiritual" qualifica todas as três categorias de canções, então todas as três se referem ao canto carismático e abrangem expressões inteligíveis

(πνευματικαῖς) deriva da palavra "Espírito" (πνεῦμα), o termo "cântico espiritual" é essencialmente uma referência a cantar "no Espírito". Já observamos que na igreja primitiva esta frase, "no Espírito", torna-se virtualmente um termo técnico para inspiração carismática e normalmente inclui glossolalia.

Essas referências ao canto em línguas destacam mais uma vez o fato de que Paulo entende o falar em línguas como oração doxológica, uma forma inspirada pelo Espírito de louvor e ação de graças. Em Colossenses 3.16, ele sugere que os "cânticos espirituais" devem ser cantados "com gratidão" e dirigidos a Deus. Estas "canções espirituais" são também entendidas como uma fonte de encorajamento para toda a comunidade (cf. "admoestar uns aos outros"). Provavelmente também devemos entender as frases que qualificam o que significa ser "cheio do Espírito" em Efésios 5.18-21 como inter-relacionadas. Assim, "falar" uns com os outros em canções espirituais não deixa de estar relacionado com "cantar" ao Senhor, "dar graças" a Deus e "sujeitarem-se" uns aos outros. Juntas, essas atividades aumentam o louvor comunitário e a vida da comunidade. Resumindo, aqui temos referências ao "cantar em línguas" comunitário que edifica o corpo dos crentes e glorifica a Deus. É claro que isso é o que esperaríamos quando começamos a compreender que cantar em línguas, como falar em línguas, representa uma expressão espontânea e inspirada pelo Espírito de amor e devoção ao Deus Triúno, o Deus que revelou suprema e maravilhosamente a si mesmo em Jesus.

e glossolálicas.

LÍNGUAS COMO INTERCESSÃO

Paulo não apenas apresenta falar e cantar em línguas como uma forma de louvor e ação de graças a Deus, mas também descreve as línguas como um meio de oração de intercessão. Isso talvez não seja mais claramente expresso em qualquer outro lugar do que em Romanos 8.26. Em Romanos 8, o apóstolo procura encorajar seus leitores ajudando a entenderem que nossa experiência presente do Espírito Santo é um antegozo da gloriosa salvação futura que aguardamos. Embora lutemos com o fato de que agora apenas experimentamos esta gloriosa "vida do futuro" em parte (8.23), podemos ser encorajados pelo fato de que o Espírito Santo está atualmente operando em nossas vidas, transformando-nos em pessoas que Deus nos chamou para ser (8.9-13) e nos capacitando a ter uma rica comunhão com Deus em Cristo (8.14-17). De fato, nossa experiência atual do Espírito é tão rica que nos serve de testemunho de que Deus consumará seu plano redentor; e quando o fizer, experimentaremos a riqueza total de suas bênçãos, incluindo a transformação de nossos corpos e a comunhão íntima com ele (8.23,39).

Paulo se refere à nossa experiência atual do Espírito Santo em Romanos 8.16. Ele declara que somos movidos a clamar: "*Aba*, Pai", porque "O próprio Espírito confirma ao nosso espírito que somos filhos de Deus" (8.16). Isso o leva a declarar: "Porque para mim tenho por certo que os sofrimentos do tempo presente não podem ser comparados com a glória a ser revelada em nós" (8.18). Esse sofrimento, esse anseio pela redenção total de Deus, é experimentado por toda a criação. Portanto, o apóstolo observa: "Porque sabemos que toda a criação a um só tempo geme e suporta angústias até agora" (8.22). No entanto, ele ressalta que essa luta é sentida tanto no nível pessoal quanto no cósmico: "E não somente ela, mas também nós, que temos as primícias do Espírito, igualmente gememos em nosso íntimo, aguardando a adoção de filhos, a redenção do nosso corpo" (8.23).

Nesta descrição emocionante da tensão que enfrentamos como cristãos – como pessoas que experimentam interiormente e veem exteriormente diariamente o poder transformador do Espírito Santo em ação em meio ao pecado, morte e decadência – Paulo nos lembra mais uma vez que não estamos sós (cf. Rm 8.16,23). Afirma que não enfrentamos sozinhos as lutas inevitáveis que marcam esta tensão do "já/ainda não". Não, "o Espírito nos ajuda em nossas fraquezas" (8.26). Ele continua:

> Da mesma maneira, também o Espírito nos ajuda em nossa fraqueza. Porque não sabemos orar como convém, mas o próprio Espírito intercede por nós com gemidos inexprimíveis. E aquele que sonda os corações sabe qual é a mente do Espírito, porque intercede pelos santos de acordo com a vontade de Deus (Rm 8.26-27).

Esta é uma imagem comovente: embora muitas vezes não saibamos o que orar ou mesmo como orar, o Espírito ora por meio de nós e, no processo, inspira palavras que soam como gemidos inarticulados. As orações do Espírito, embora ininteligíveis para nós, são cheias de significado, pois representam a própria intercessão de Deus em nome de seu povo. Romanos 8.27 ecoa a referência anterior à intercessão no versículo 26 e pode ser parafraseado desta forma: "Aquele que é o Espírito, que sonda nossos corações, conhece o que é espiritual e, portanto, intercede pelos santos de acordo com o plano de Deus".

Duas linhas de argumentação sugerem que Paulo aqui tem em vista a glossolalia principalmente, embora talvez não exclusivamente[217]. O primeiro conjunto de argumentos está ligado ao contexto imediato; a segunda, ao contexto mais amplo da epístola aos Romanos.

O contexto imediato destaca o fato de que esses "gemidos", como o grito de *Aba* de Romanos 8.15, são: declarações reais inspiradas pelo Espírito; que fluem de um encontro íntimo com Deus, em vez de uma apreensão racional de verdades específicas; e que são especialmente poderosas e significativas porque quem está orando reconhece que, de alguma forma incrível, "Deus está falando em e através de mim".

Nem é preciso dizer que quando Paulo declara que pelo Espírito "clamamos, '*Aba*, Pai'" (Rm 8.15), ele tem em mente declarações reais. Se os crentes em Roma não tivessem experiência com esse tipo de clamor, as palavras do apóstolo fariam pouco sentido e não teriam valor. O mesmo deve ser dito dos "gemidos" inspirados pelo Espírito em Romanos 8.26. Paulo está claramente se referindo aqui a manifestações carismáticas, declarações espontâneas inspiradas pelo Espírito Santo que seus leitores realmente experimentaram. Em outras palavras, está apelando para experiências que ele e os cristãos em Roma compartilham[218]. O fato de que ele pode fazer tais apelos deve nos lembrar que esse tipo de experiência carismática não era

---

[217] Frank D. Macchia observa que uma série de estudiosos antigos e modernos interpretam os "gemidos" de Romanos 8.26 como uma referência à glossolalia (Macchia, "Sighs Too Deep for Words", 59).

[218] Assim também Fee, *God's Empowering Presence*, 577-778, 584 e Käsemann, que também destaca esse fato e afirma que "o lugar desses suspiros deve ser antes... da igreja reunida em assembleia para adoração" (Käsemann, *Perspectives on Paul*, 129).

rara, mas sim a norma para a igreja primitiva. Um exame dos documentos do Novo Testamento estabelece esse fato[219]. Devemos também observar que essas declarações foram, sem dúvida, articuladas e tipicamente em alta voz. Dunn observa que o verbo que Paulo usa quando descreve o grito de *Aba*, κράζειν ("clamar", Rm 8.15; Gl 4.6), "é uma [expressão] muito forte". Geralmente significa "gritar bem alto" e, portanto, é usado para os "gritos e guinchos de endemoninhados" (por exemplo, Mc 5.5; 9.26; Lc 9.39).

Dunn conclui que o contexto de Romanos 8.15 e Gálatas 4.6 sugere que κράζειν nesses versos é "um clamor de alguma intensidade, provavelmente um clamor alto, e talvez... um grito extático"[220]. O mesmo pode ser dito dos "gemidos" de Romanos 8.26. Termos gregos semelhantes (formas do verbo, στενάζω, ou o substantivo, στεναγμός) são usados para descrever o gemido da criação em Romanos 8.22, os gemidos dos crentes que têm "as primícias do Espírito" em Romanos 8.23, e os gemidos movidos pela intercessão do Espírito em Romanos 8.26. O fato de que Paulo pode falar de "toda a criação... gemendo como nas dores do parto" (Rm 8.22) deve deixar bem claro que não se trata de suspiros silenciosos ou murmúrios silenciosos. Não, o apóstolo está descrevendo com essas palavras pronunciamentos em voz alta, pronunciamentos conhecidos e compartilhados

---

[219] Existem trinta e cinco referências explícitas ao falar em línguas no NT: vinte e oito são encontrados em 1Coríntios, vinte e três deles em 1Coríntios 14. As outras ocorrências são encontrados em Atos e no Evangelho de Marcos. Veja 1Coríntios 12 a 14; Atos 2.4-11; 10.46, 19.6; bem como Marcos 16.17. Para referências mais gerais à atividade carismática que provavelmente inclui o falar em línguas, ver: Romanos 8.15-16, 26-27; 2Coríntios 5.4; Efésios 5.19, 6.18; Colossenses 3.16; 1Tessalonicenses. 5.19; e Judas 20.

[220] Dunn, *Jesus and the Spirit*, 240.

pela congregação, pronunciamentos inspirados pelo Espírito que marcaram sua adoração e suas orações.

Paulo sugere que essas declarações não são apenas vocalizadas e altas, mas que resultam de um encontro profundo e íntimo com Deus. Ele declara: "O próprio Espírito confirma ao nosso espírito que somos filhos de Deus" (Rm 8.16). Que vínculo relacional pode ser mais forte do que o dos pais para com os filhos? Este incrível senso de relacionamento, de confiança diante de Deus, é a fonte do clamor de *Aba*. E não é simplesmente compreendido; em vez disso, é sentido. Assim como uma criança sabe intuitivamente que é amada pelos pais, também sabemos que somos "herdeiros de Deus e co-herdeiros de Cristo" (Rm 8.17). Sabemos disso porque experimentamos a realidade, fruto dessa relação, por meio da obra do Espírito Santo em nossos corações. Quando o fazemos, como Paulo e os romanos testificam, ocasionalmente essa notável compreensão irrompe em um discurso alegre e inspirado pelo Espírito.

O apóstolo também prevê outro tipo de realização que produzirá discurso carismático. Esta é a compreensão de nossa fraqueza absoluta que ele descreve tão vividamente em Romanos 8.18-27. Ansiamos pela conclusão do processo que começou com nosso arrependimento e fé em Cristo. Ansiamos pela transformação sugerida pela presença e direção do Espírito Santo em nossas vidas. Ansiamos por ver Cristo face a face. No entanto, sabemos que não podemos nem começar a expressar os anseios e desejos que o Espírito gerou em nós. Sabemos que somos incapazes de compreender as profundezas do amor de Deus, a majestade de sua santidade ou a maravilha de seu plano redentor. Nós nem sabemos orar por nossas próprias necessidades, muito menos por aquelas de nossos amigos. No entanto, assim quando somos oprimidos pela compreensão de nossa fraqueza absoluta, o Espírito começa a orar por nós. Mesmo sem sabermos orar, o Espírito intercede por nós e por nosso intermédio, utilizando palavras que não têm sentido para nós. No entanto, mesmo quando falamos dessa maneira inarticulada, embora nossa fala reflita nosso anseio e soe como "gemidos" (cf. 2Co 5.1-4), sentimos que algo notável está acontecendo. Sentimos que Deus está falando por nosso intermédio. É essa consciência incrível – esse reconhecimento de que de alguma forma Deus está presente em nossa fraqueza e realizando por meio de nós aquilo que não podemos compreender, mas sentimos que é precisamente o que precisamos – que torna os gemidos de Romanos 8.26 tão edificantes e tão especiais. Portanto, é para uma manifestação carismática marcando nossa fraqueza que Paulo apela. Aqui, ele e os cristãos em Roma estão em terreno comum.

Tudo isso indica que o apóstolo tem em mente declarações espontâneas e inspiradas pelo Espírito (isto é, discurso carismático) quando fala de nossos "gemidos" motivados pelo Espírito. Sugeriria, entretanto, que podemos dizer mais. Já observamos que suas descrições do grito de *Aba* e nossos gemidos inarticulados baseiam-se em experiências comuns e compartilhadas. Suas palavras têm pouco significado, a menos que descrevam experiências conhecidas e reconhecidas pelos crentes em Roma. A única experiência carismática que se encaixa na descrição de Paulo de gemidos inarticulados, que é citada em vários documentos do Novo Testamento, e que, portanto, era claramente bem conhecida e estabelecida na igreja primitiva, é o falar em línguas[221].

---

[221] Assim também Käsemann, *Romans*, 241.

Muitos estudiosos rejeitaram essa interpretação, argumentando que, uma vez que Paulo em Romanos 8 fala de uma experiência do Espírito que é comum a todo cristão, "a glossolalia pode no máximo estar em segundo plano"[222]. No entanto, este julgamento ignora o fato de que para Paulo falar em línguas pode ser experimentado por todos os crentes[223]. Além disso, é baseado na suposição errônea de que falar em línguas era uma experiência bastante rara e exótica para a igreja primitiva. Estabelecemos que há ampla evidência para desafiar esta visão[224].

Outros estudiosos também questionaram se o apóstolo tinha línguas em mente aqui porque o termo, στεναγμοῖς ἀλαλήτοις ou "com gemidos inexprimíveis" (Rm 8.26), não parece se encaixar bem com seu entendimento das línguas como uma linguagem, embora uma linguagem celestial, uma que não entendemos[225]. O julgamento que Paulo compreende o falar em línguas como uma linguagem real baseia-se em dois fatos: este é o sentido normal do termo, γλῶσσα ("língua"); e sua referência a um dom de interpretação (1Co 12.10, 30) parece exigi-lo. Embora concorde que ele vê o falar em línguas como uma linguagem (provavelmente angelical, certamente celestial em vez de humana), tenho dificuldade em ver este julgamento como estando em conflito com sua referência às línguas como "gemidos" em 1Coríntios 8.26. Certamente, sugerir o contrário é um exemplo clássico de exegese exagerada.

---

[222] Doce, "Glossolalia", 152.
[223] Sobre o significado de 1Coríntios 12.30; 14.5,18 e 39, veja Menzies, *Glossolalia*, capítulo 5.
[224] Menzies, *Glossolalia*, capítulos 1, 4, 5 e 7.
[225] Ver, por exemplo, Wedderburn, "Romans 8.26 – a Towards a Theology of Glossolalia," 373.

Paulo aqui não está falando como um linguista; antes, ele fala como alguém que compartilha essa experiência dramática e poderosa com os cristãos em Roma. As semelhanças entre falar em línguas e "gemidos" eram para ele e seus leitores (como são para aqueles familiarizados com as línguas hoje) tão vívidas e claras que não requerem explicação.

Outros ainda apontam para o fato de que Paulo não menciona especificamente falar em línguas em sua lista de dons em Romanos 12.6-8. Isso sugeriria, em sua opinião, que os leitores romanos não estavam tão familiarizados com as línguas e não teriam entendido essa alusão[226]. No entanto, esse argumento do silêncio é particularmente fraco. Pode ser que Paulo não se refira explicitamente às línguas em Romanos 12 ou no resto de sua epístola porque esse dom era bem conhecido por esses crentes e não era abusado ou a fonte de um problema. Existe, entretanto, uma outra possibilidade que devemos considerar.

Uma outra linha de evidência dá suporte à nossa alegação de que Paulo tem glossolalia em mente quando fala do Espírito intercedendo por nós e através de nós com gemidos inexprimíveis (Rm 8.26). Embora não tenha conhecimento de primeira mão da igreja em Roma, ele pelo menos parece estar ciente do potencial de problemas latentes naquela Igreja. Suas exortações aos fracos e fortes em Romanos 14.1-15.6 e suas advertências em Romanos 16.17-20 sugerem que as divergências estavam prestes a transbordar. Uma série de passagens indicam que, "um grupo em Roma compartilhou pelo menos algumas das

---

[226] O mesmo ocorre com Dunn, *Jesus and the Spirit*, 241, que conclui que, embora a referência a gemidos inarticulados em Romanos 8.26 não exclua a glossolalia, ela não se limita a ela.

atitudes e valores dos gnósticos de Corinto"[227]. Mais especificamente, este grupo provavelmente defendeu uma escatologia superestimada que compartilhava muitos pontos de contato com as visões problemáticas que causaram tanta confusão em Corinto (cf. 1Co 15.12)[228]. O grupo em Corinto ensinou que eles já haviam experimentado uma ressurreição "espiritual" e, portanto, estavam totalmente "maduros". Na verdade, é bem provável que um grupo em Roma também tenha defendido essas opiniões. Além disso, o grupo de Corinto via o falar em línguas como um sinal de seu status espiritual exaltado. Não é sem razão, então, que sugerimos que a facção em Roma, como a de Corinto, também via o falar em línguas dessa maneira inadequada.

Se fosse esse o caso, então podemos ver por que Paulo lembrava à igreja de Roma que falar em línguas, longe de ser um sinal de que já haviam recebido a plenitude da "salvação", era antes um sinal de sua fraqueza e expressava sua ânsia pela plenitude da redenção, que ainda aguardamos. Este sinal de anseio por nosso futuro, redenção total lindamente paralela e adiciona equilíbrio ao clamor de *Aba*, que é um sinal de nossa experiência presente, embora parcial, da herança gloriosa de Deus. Em suma, a linguagem de Paulo em Romanos 8.26, onde ele retrata o falar em línguas como gemidos inspirados pelo Espírito, pode muito bem ter destacado uma verdade teológica

---

[227] Dunn, *Jesus and the Spirit*, 268. Ele cita Romanos 6.1 e 1Coríntios 5 e 6; Romanos 13.13 e 1Coríntios 11.17-22; Romanos 14.1-15.6 e 1Coríntios 8; 10.23-33; Romanos 16.17-18 e 1Coríntios 1–4.

[228] Dunn afirma que Paulo usa uma linguagem cautelosa em Romanos 6.4-5 quando fala sobre a ressurreição e desta forma destaca que "nossa participação na ressurreição de Cristo ainda é pendente e futura" (*Jesus and the Spirit*, 268).

muito necessária e importante. Ernst Käsemann coloca bem, "o que os entusiastas consideram como prova de sua glorificação [Paulo] vê como um sinal de falta"[229].

Esta verdade, eu acrescentaria, não só fala à igreja de Roma, mas também à nossa situação contemporânea. Pentecostais e carismáticos contemporâneos também precisam reconhecer que falar em línguas não é um sinal de nossa "maturidade" ou de nossa "força". Embora celebremos com razão a atualidade do reino de Deus, devemos reconhecer que ele ainda não "chegou" totalmente. E nem nós. Muito pelo contrário, nosso gemido serve para nos lembrar de nossa total dependência e necessidade de Deus. Falar em línguas é um sintoma de nossa fraqueza, uma manifestação de nosso anseio por aquilo que nos foi prometido, mas ainda não recebemos. No entanto, aqui está a beleza desta experiência incrível. Em meio à nossa fraqueza, o próprio Espírito intercede por nós em nosso nome. Ao fazer isso, o Espírito nos revela um pouco da vida do futuro. Ele também revela seu desejo de usar aqueles de nós que estão dispostos a reconhecer nossa necessidade e, em nosso desespero, procurá-lo ansiosamente com o coração aberto.

CONCLUSÃO

Tudo isso resulta em um sumário muito positivo para o dom de línguas, se não para a igreja de Corinto. Em Corinto, não devemos confundir o problema do seu uso com o próprio dom. E também devemos ser sensíveis e aprender com as referências de Paulo ao falar em línguas fora de 1Coríntios. Embora o dom

---

[229] Käsemann, *Romans*, 241.

de línguas, como muitas das ricas bênçãos de Deus, possa ser abusado, é, no entanto, um belo presente de Deus cheio de ricas bênçãos (cf. Lc 11.13). Isso também é claramente afirmado pelo apóstolo. Vimos que Paulo entende que falar em línguas é tipicamente uma oração espontânea inspirada pelo Espírito. Este tipo especial de oração carismática e ininteligível frequentemente assume a forma de louvor e ação de graças dirigidos a Deus; no entanto, essas declarações também podem dar voz à oração de intercessão, à medida que o Espírito ora por nós e por nosso intermédio. Paulo entende que esse tipo de oração carismática normalmente ocorrerá em ambientes privados, não durante a adoração comunitária. Esta parece ser sua própria prática e é isso que ele defende para a igreja em Corinto. No entanto, deve-se notar que suas exortações sobre o cantar no Espírito (Ef 5.19; Cl 3.16) exigem uma expressão comunitária de glossolalia. A abordagem mais restritiva dessa prática que Paulo articula em 1 Coríntios 14.15-17 claramente não representa sua prática normal. A rejeição do apóstolo do louvor glossolálico no ambiente comunitário como não edificante para aqueles que não entendem (1Co 14.17) deve ser vista como uma parte de sua tentativa de corrigir o mal-entendido e os abusos presentes em Corinto (cf. 14. 23- 25). Essas diretivas, então, embora sejam frequentemente tomadas como diretrizes normativas para a "ordem da igreja" em ambientes de adoração contemporâneos, na realidade representam medidas extremas projetadas por Paulo para combater um abuso muito específico, insolente e extraordinário.

 Se em Corinto falar em línguas não tivesse representado o perigo real de eclipsar a proclamação e a instrução inteligíveis, e se a glossolalia não tivesse sido falsamente exaltada como um sinal de "maturidade" e "poder", é altamente improvável que Paulo tivesse tomado a abordagem fortemente negativa para o uso congregacional de línguas como faz em 1Coríntios 14. Esta conclusão não é apenas apoiada pelas exortações positivas de Paulo para os crentes cantarem no Espírito em Efésios 5.19 e Colossenses 3.16[230], mas também por outras passagens que implicam um conhecimento comunitário de falar em línguas (Rm 8.26; 1Ts 5.19; e Jd 20). Portanto, apesar do contexto polêmico em 1 Coríntios 12 a 14, em outras passagens, o apóstolo encoraja uma expressão pública do dom que inclui o canto em línguas e momentos de oração glossolálica comunitária. É imperativo, entretanto, que o dom de línguas seja exercido com humildade e com amor. Este é "o caminho mais excelente" (1Co 12.31).

---

[230] A linguagem de Paulo nestes versículos, "falar uns com os outros' (Ef 5.19) e "ensinar e admoestar uns aos outros" (Cl 3.16), exige um ambiente corporativo.

Capítulo 4

Sinais e Prodígios
Celebrando O Reino De Deus

Os pentecostais em todo o mundo celebram a atualidade do reino de Deus. A impressionante presença de Deus em nosso meio, sua graciosa disposição de conceder dons espirituais, seu desejo de curar, libertar e transformar vidas – todos esses temas, tão centrais para a piedade pentecostal, destacam o fato de que o reinado de Deus está agora presente entre nós. Os pentecostais proclamam um Deus que está perto, um Deus cujo poder pode e deve ser experimentado aqui e agora. Esse elemento da práxis pentecostal tem, na maior parte, servido como um corretivo muito necessário à vida da igreja tradicional, que muitas vezes perdeu de vista a presença manifesta de Deus. Em um ensaio profundamente comovente, Ulrich Luz reconhece esse fato quando declara: "Agora nos preocupamos com o fato de que a religião viva em grande parte emigrou das igrejas tradicionais e floresce em outros lugares... em comunidades vivas de grupos neo-carismáticos, em reuniões coloridas ao ar livre e assim por diante... o futuro pertence à religião e não às igrejas cristãs tradicionais"[231].

À medida que as igrejas tradicionais no Ocidente perdem cada vez mais o contato com os elementos sobrenaturais da fé cristã, os pentecostais se deleitam em sua adoração a um Deus imanente, que fala conosco, que está verdadeiramente conosco. Embora muitos em um Ocidente cada vez mais secular lutem para entender este tipo de fé, as igrejas pentecostais em todo o mundo estão crescendo com tal rapidez que alguns historiadores sugerem que o Avivamento da Rua Azusa (1906-1909) deve ser identificado como o "Quarto Grande Despertamento"[232]. Este julgamento não é sem razão. "Mais de um milhão de congregações pentecostais surgiram em todo o mundo como resultado desse avivamento histórico"[233]. Gostando ou não, o movimento pentecostal está moldando os contornos da fé e da práxis cristãs em todo o mundo.

Neste capítulo, gostaria de examinar um texto que fala desta atualidade do reino de Deus que os pentecostais celebram. No entanto, a força deste texto é muitas vezes embotada pelo que acredito ser uma tradução incorreta da linguagem de Lucas. O texto em questão, Lucas 17.20-21, diz:

> Indagado pelos fariseus sobre quando viria o Reino de Deus, Jesus lhes respondeu: "O reino de Deus não vem com a sua observação cuidadosa, nem

---

[231] Luz, "Paul as Mystic", 131.
[232] Ver Synan, *Eyewitness Remembers*, 157.
[233] Synan, *Eyewitness Remembers*, 157.

as pessoas dirão: 'Aqui está' ou 'Aí está', porque o reino de Deus está entre vocês"²³⁴.

As palavras-chave que desejo considerar encontram-se no versículo 21, "o reino de Deus está dentro de vocês [ἡ βασιλέια τοῦ θεοῦ ἐντὸς ὑμῶν ἐστιν]". Em particular, questionarei a maneira pela qual a Nova Versão Internacional (NIV), em sua edição em inglês, traduz ἐντὸς ὑμῶν com a frase "dentro de você"²³⁵.

Esta tradução é encontrada em várias outras versões em inglês, incluindo a King James Version, a Today's English Version e as traduções de J. B. Phillips e William Barclay²³⁶. Os tradutores da Versão da União Chinesa também seguem esta abordagem e, assim, traduzem ἐντὸς ὑμῶν com a frase, *zai nimen xin li*, que também significa "dentro de vocês" ou "em seus corações". Essa tradução sugere que, segundo Jesus, o reino de Deus é algo não visível, algo puramente interno ou espiritual. O reino de Deus, de acordo com essa leitura, "atua no coração dos homens"²³⁷. Mas esse reino silencioso, invisível, etéreo e discreto é realmente o reino que Jesus proclamou e inaugurou? Os pentecostais estão

---

²³⁴ A passagem de Lucas 17.20-21 aqui citada está traduzida conforme o texto de Menzies e não segundo qualquer versão da Bíblia em português. [N. do T.].

²³⁵ Esta é a tradução da edição de 1996 da NIV [em inglês]. A leitura alternativa, "entre vocês", está listada em uma nota. Na edição em inglês da NIV 2011, a tradução é alterada para "em seu meio", com a leitura alternativa, "dentro de vocês", mencionada em uma nota.

²³⁶ Ver *The New Testament in Modern English*, traduzido por J. B. Phillips (New York: The MacMillan Co., 1958). A tradução de Phillips diz: "pois o reino de Deus está dentro de vocês" (p. 163). Observe também Barclay, *Luke*, 219. "o reino de Deus está dentro de vocês".

²³⁷ Barclay, *Luke*, 220.

errados em destacar a presença poderosa de Deus em ação agora em nosso meio por meio de "sinais e prodígios", curas, exorcismos, profecias e outras visíveis manifestações? Ou talvez, pelo menos, os pentecostais deveriam procurar em outro lugar apoio para suas práticas exuberantes? No entanto, antes de precipitadamente chegarmos a essa conclusão, precisamos reconhecer que essa leitura de Lucas 17.21 não deixou de ser contestada.

Numerosas outras traduções em inglês seguem uma linha de interpretação diferente. Elas traduzem ἐντὸς ὑμῶν como "entre vocês"[238]. Esta tradução representa uma mudança significativa no significado da NIV e da Versão da União Chinesa e, como iremos argumentar, por razões contextuais é a preferida. Começaremos nosso estudo examinando o contexto mais amplo de Lucas-Atos, e então enfocaremos no contexto imediato de Lucas 17.21. Devemos também notar as implicações significativas para nossa compreensão e expectativa de "sinais e prodígios" que fluem de nossa análise deste texto.

O CONTEXTO MAIOR: O REINO DE DEUS EM LUCAS-ATOS

Continuidade em Lucas-Atos

Tem sido cada vez mais reconhecido que no Novo Testamento o reino de Deus é entendido como uma realidade presente e

---

[238] Ver, por exemplo, a *New Revised Standard Version*, a *Revised English Bible*, a *New American Bible* e a *New Jerusalem Bible*. O mesmo ocorre com Eugene Peterson, em The Message, cuja tradução diz: "O reino de Deus já está entre vocês". Como é o caso da Nova Versão Internacional, em sua edição em português, que diz "porque o Reino de Deus está entre vocês". [N. do T.]

futura[239]. George Ladd corretamente observa que o aspecto mais distinto da pregação de Jesus registrado nos Evangelhos sinóticos "era seu presente irromper na história na própria pessoa e missão".[240] Este é, sem dúvida, o caso do Evangelho de Lucas. O reino é tanto um reino presente de bênçãos redentoras (Lc 4.21; 10.18; 11.20; 16.16; 22.29) e uma realidade escatológica futura (Lc 13.28-29; 19.11)[241].

No Evangelho de Lucas, os termos mais comumente usados para descrever este reino de bênção redentora são "salvação" (σωτήριον, σωτηρία, σώζω) e "perdão" (ἄφεσις)[242]. Que Jesus é a fonte desta salvação está claro desde o início do Evangelho (Lc 1.69,71, 77; 2.30). A entrada neste reino de bênção redentora depende de uma resposta de "fé" (πίστις) a Jesus e sua mensagem. Isso fica claro pela maneira como Lucas conecta o verbo "salvar" (σώζω) com "fé" (πίστις), indicando que a salvação depende de uma resposta de fé (Lc 7.50; 8.12, 50; 17.19; 18.42). Que esta redenção é experimentada no presente, pelo menos em parte, é evidente pelo uso lucano

---

[239] Veja as obras de Kummel, *Promise and Fulfillment*; Cullmann, *Cristo e o tempo*; Ridderbos, *Coming of the Kingdom*; *God's Rule and Kingdom*; Ladd, *Theology of the New Testament and Presence of the Future*.

[240] Ladd, *Theology of the New Testament*, 70.

[241] Concordo com Ladd quando ele declara, "governo de Deus" é "o melhor ponto de partida para a compreensão" do reino de Deus nos Evangelhos (Ladd, *Theology of the New Testament*, 60-61; ver também Ladd, "Kingdom of God—Reign or Realm?", 230-38). No entanto, "governo de Deus" implica um reino ou esfera de existência onde sua autoridade é exercida e reconhecida. Assim, Jesus fala em "entrar" no reino de Deus (Lucas 16.16; 18.24; cf. Atos 14.22) e em termos que sugerem que o reino é um reino (Lucas 7.28; 13.28).

[242] σωτήριον: Lucas 2.30; 3. 6; σωτηρία: Lucas 1.69, 71, 77; 19.9; σώζω: Lucas 6.9; 7.50; 8.12, 36, 48; 9.24; 13.23; 17.19; 18.26; 19.10; ἄφεσις: Lucas 1.77; 3. 3; 4.18; 24.47.

de σώζω no tempo perfeito (Lc 7.50; 17.18; 18.42). Embora a salvação tenha um referente futuro, ela é experimentada no presente.

Atos mostra continuidade direta com essas características do reino de Deus ressaltadas no Evangelho de Lucas. É verdade que em Atos a terminologia do reino é cada vez mais substituída por outras formas de expressar a salvação usadas por Jesus. Mas este é o resultado da compreensão de que Jesus é o Senhor exaltado, não um abandono do reino como um reino presente ou futuro de bênção[243]. Certamente, em Atos, pregar o reino de Deus significa pregar o evangelho, a intervenção redentora de Deus na história em Jesus (At 8.12; 28.31). Que o reino, como um reino de bênção redentora, tem uma dimensão presente é indicado pela experiência presente de "salvação" e "perdão" para aqueles que creem (At 2.47; 4.12; 11.14; 15.11; 16.31). Em Atos, como no Evangelho de Lucas, "salvação" (σωτήριον, σωτηρία, σώζω) e "perdão" (ἄφεσις) são termos frequentemente usados para descrever as bênçãos redentoras[244]. Esses termos são novamente associados à fé (πίστις)[245].

Assim, em toda a obra de Lucas em dois volumes, o reino, como um reino de bênção redentora, pode ser experimentado no presente por meio da fé na proclamação de Jesus. Certamente, uma diferença significativa entre o Evangelho de Lucas e Atos

---

[243] Contra Kummel e Merk que afirmam que o reino não está presente durante o período da igreja (Kummel, *Promise and Fulfillment*; Merk, "Das Reich Gottes in den lukanischen Schriften," 272-91).

[244] σωτήριον: Atos 28.28; σωτηρία: Atos 4.12; 7.25; 13.26, 47; 16.17; 27.34; σώζω: Atos 2.21, 40, 47; 4. 9, 12; 11.14; 14.9; 15.1, 11; 16. 30-31; 27.20, 31; ἄφεσις: Atos 2.38; 5.31; 10.43; 13.38; 26.18.

[245] Atos 10.43; 13. 38-9; 14. 9; 16. 30-31; 26.18.

é que no primeiro Jesus proclama a mensagem, enquanto no segundo os discípulos proclamam uma mensagem a respeito de Jesus. No entanto, essa diferença não deve ser superestimada. Em Atos, a missão que o Salvador inaugurou e realizou no poder do Espírito, ainda é a missão de Jesus (At 16.7), mas agora é realizada pela igreja no poder do Espírito. A pregação em Atos ainda é a pregação do reino de Deus (At 8.12; 14.22; 19. 8; 20.25; 28.23, 31)[246]. Tanto em Lucas quanto em Atos, a entrada no reino das bênçãos redentoras de Deus depende de uma resposta de fé a Jesus. No Evangelho de Lucas, Jesus está presente, apelando a uma resposta de fé. Em Atos, ele ainda está presente, na obra do Espírito por meio dos discípulos, pedindo uma resposta semelhante. Em termos da experiência do reino dos crentes, não há diferença entre Lucas e Atos. Tanto no Evangelho de Lucas quanto no livro de Atos, a entrada neste reino de governo de Deus constitui a salvação e depende de uma resposta de fé à proclamação de Jesus.

O Reino de Deus e o Conteúdo da Salvação

Em Atos, como nos Evangelhos sinópticos, o termo, "o reino de Deus" (ἡ βασιλεία τοῦ θεοῦ), pode se referir a um futuro reino escatológico de bênção divina (por exemplo, At 14.22). Para Lucas, esse reino futuro está intimamente ligado à futura ressurreição (Lc 14.14; 20.35). Em Atos 4.2, ele escreve que os apóstolos "ensinavam ao povo e anunciavam em Jesus a ressurreição dos

---

[246] Youngmo Cho corretamente observa que "para Lucas, ser uma testemunha de Jesus significa dar testemunho do reino de Deus" (Cho, *Spirit and Kingdom in the Writings of Luke and Paul*, 184).

mortos (ἐν τῷ Ἰησοῦ τὴν ἀνάστασιν τὴν ἐκ νεκρῶν)". A força do caso dativo ("em Jesus") é incerta. É possível interpretar ἐν τῷ Ἰησοῦ ("em Jesus") como um dativo de referência, indicando que o conteúdo da pregação dos apóstolos incluía a ressurreição de Jesus. Essa ressurreição foi fundamental para a pregação da Igreja Primitiva (At 2.32; 4.9,33; 26.23). No entanto, também é possível interpretar essa frase como um dativo instrumental, com os apóstolos falando de uma futura ressurreição pela fé em Jesus. Isso é o mais provável, visto que a esperança futura da igreja primitiva claramente incluía a ressurreição dos mortos (Lc 14.14, 20.35; At 24.15,21). Lucas 20.35 conecta especificamente a ressurreição dos mortos com a era por vir. Atos 26.23 também indica que a ressurreição de Jesus é apenas o começo, que antecipa a ressurreição de seus seguidores também. À luz dessas considerações, é evidente que a participação na futura ressurreição dos justos compreendia parte do conteúdo da salvação, parte do reino futuro das bênçãos divinas.

Embora a ressurreição real do corpo seja um evento futuro para Lucas, a entrada no reino da bênção divina associada a essa ressurreição ocorre no presente. Isso é vividamente demonstrado pelo uso de σώζω ("salvar") nos tempos perfeito e presente ao longo de Lucas-Atos. Em Lucas 7.50, Jesus declara à mulher pecadora: "A tua fé te salvou (σέσωκέν)". O tempo perfeito indica que a mulher experimentou a salvação naquele momento, embora houvesse dimensões de sua salvação que seriam realizadas no futuro. Em Atos 2.47, o autor descreve o crescimento da igreja primitiva em Jerusalém: "O Senhor aumentava diariamente o número daqueles que estavam sendo salvos [τοὺς σῳζομένους]". O presente de σώζω novamente indica uma recepção presente da salvação. Para Lucas, a experiência presente de salvação é preparatória para a futura ressurreição e a vida no futuro.

Isso é demonstrado ainda no conteúdo ético associado a entrada no reino de Deus. A preocupação com os pobres e desamparados será recompensada na ressurreição dos justos (Lc 14.14). Ser digno do reino envolve tomar uma decisão radical e intransigente de seguir Jesus (Lc 9.57-62; 14.26-35). Em Atos, embora as implicações éticas da vida no reino não sejam de alta prioridade, elas não estão totalmente ausentes. Em Atos 26.18, Lucas registra o próprio relato de Paulo sobre seu comissionamento. Ele foi ordenado a ir aos gentios "para que eles pudessem receber o perdão dos pecados (ἄφεσιν ἁμαρτιῶν) e um lugar entre aqueles que são santificados pela fé em mim". Aqui, a santificação (ou seja, o ato de ser separado) é paralela ao perdão dos pecados e atribuída à fé. A preparação para a vida no futuro envolve uma transformação ética.

A presente experiência de salvação envolve mais do que simplesmente preparação para a futura ressurreição e vida na era por vir. Por meio da fé, a pessoa realmente entra no domínio do governo e das bênçãos de Deus. Para Lucas, o resultado da fé na mensagem de Jesus é a restauração da comunhão com Deus. Essa comunhão é uma bênção escatológica associada ao reino futuro (Lc 13.29; 14.16-24); no entanto, é também uma experiência presente para os discípulos de Jesus (Lc 22.27-30). A restauração da comunhão com Deus é o resultado do divino ἄφεσις, uma experiência presente (Lc 7.48; At 10.43). Em Atos 5.31, o autor registra o testemunho de Pedro e dos apóstolos a respeito de Jesus: "Deus o exaltou à sua destra como Príncipe [ἀρχηγὸν] e Salvador [σωτῆρα] para que pudesse dar arrependimento e perdão dos pecados [ἄφεσιν ἁμαρτιῶν] a Israel". O pensamento é este: Jesus agora está em uma posição de autoridade, reinando à direita de Deus como Senhor e Salvador. Em virtude dessa autoridade, Jesus pode perdoar pecados. A pregação do início da igreja foi centralizada na ressurreição e exaltação de Jesus porque isso estava vitalmente ligado ao seu atual senhorio e posição de autoridade (At 2.33). É por isso que a entrada no reino futuro depende de uma resposta de fé, pois a fé na proclamação de Jesus envolve o reconhecimento de seu atual senhorio em virtude de sua ressurreição e exaltação.

O Reino de Deus e os sinais visíveis

A salvação associada à proclamação do reino de Deus em Lucas-Atos compreende mais do que a restauração da comunhão com Deus e a transformação ética. É holístico por natureza e impacta todos os aspectos de nossas vidas, tanto como indivíduos quanto como membros de novas comunidades do "reino". Pedrito U. Maynard-Reid observa corretamente: "Lucas mostra que a salvação não se limita ao domínio pessoal, interno e espiritual... Cura, libertação e dramática mudança social acompanham" a proclamação do reino em Lucas-Atos[247].

Este foi certamente o caso no ministério de Jesus. As curas e exorcismos de Jesus, bem como relacionamentos transformados, servem como evidência dramática da autoridade e intervenção decisiva de Deus (por exemplo, Lc 7.21-23; 19.7-9). São sinais de que, no governo de Jesus, o governo divino agora mesmo está sendo exercido. Em nenhum lugar isso é mais claramente afirmado do que em Lucas 11.20, onde Jesus declara: "Mas, se expulso os demônios pelo dedo de Deus, é chegado a vocês o reino de Deus".

---

[247] Maynard-Reid, *Complete Evangelism: The Luke-Acts Model*, 106.

É importante notar que Lucas vê esses aspectos visíveis e físicos da salvação também em ação no ministério dos discípulos de Jesus. Primeiro os Doze e depois os Setenta são comissionados para "curar os enfermos" e proclamar que "o reino de Deus está próximo" (Lc 9.1-2; 10. 9). Este comissionamento posterior dos Setenta ecoa o desejo de Moisés de que "todo o povo do Senhor fosse profeta" (Nm 11.29) e, portanto, aponta para o Pentecostes, quando esse desejo começa a ser cumprido. Parece que Lucas vê a ordem de "curar os enfermos" e "proclamar o reino de Deus" como relevante para a igreja, assim como para os apóstolos.

Esta conclusão é confirmada pelos contornos da narrativa de Lucas em Atos. A fim de avaliar o papel da cura e dos sinais visíveis nessa narrativa, devemos começar com a citação de Pedro da profecia de Joel. Pedro, citando Joel 2.30-31, declara: "Mostrarei prodígios em cima no céu e sinais embaixo na terra: sangue, fogo e nuvens de fumaça. O sol se transformará em trevas, e a lua, em sangue, antes que venha o grande e glorioso Dia do Senhor" (At 2.19-20). O texto de Joel se refere apenas a "prodígios nos céus e na terra" (Jl 2.30). No entanto, o trabalho editorial habilidoso de Lucas permite que ele produza a colocação de "sinais e prodígios" encontrados em Atos 2.19. Com o simples acréscimo de algumas palavras, Lucas transforma o texto de Joel para que se leia: "Mostrarei prodígios no céu *acima* e sinais na terra *abaixo*" (At 2.19, palavras adicionadas em itálico).

O significado deste trabalho editorial torna-se aparente quando lemos os versículos que seguem imediatamente a citação de Joel. Pedro declara: "Jesus, o Nazareno, homem aprovado por Deus diante de vocês com milagres, prodígios e sinais" (At 2.22). O significado do trabalho editorial de Lucas é ampliado ainda mais quando lembramos que Lucas também associa "sinais e prodígios" com o ministério da igreja primitiva. Na verdade, nove das dezesseis ocorrências da expressão "sinais e prodígios" (σημεῖα καὶ τωνατα) presentes no Novo Testamento aparecem no livro de Atos[248]. No início da narrativa de Atos, os discípulos pedem ao Senhor para estender sua "mão para fazer curas, sinais e prodígios" por meio do nome de Jesus (At 4.30). Essa oração é respondida de maneira dramática. Alguns versículos depois, lemos que "muitos sinais e prodígios eram feitos entre o povo pelas mãos dos apóstolos" (At 5.12). Da mesma forma, Lucas descreve como Estêvão, alguém de fora do círculo apostólico, "fez grandes prodígios e sinais milagrosos entre o povo" (At 6.8). O Senhor também capacita Paulo e Barnabé "a fazer milagres e prodígios" (At 14.3; cf. 15.12).

Tudo isso demonstra que, ao reescrever habilmente a profecia de Joel, Lucas relaciona os milagres de Jesus e os da igreja primitiva com os sinais cósmicos listados por Joel (At 2. 9-20). Cada um desses eventos milagrosos são "sinais e prodígios" que marcam estes "últimos dias", aquele período decisivo quando o governo de Deus começa a ser realizado na terra. Lucas, então, não está apenas ciente do papel significativo que os milagres desempenharam no ministério de Jesus, ele também antecipa que esses "sinais e prodígios" continuarão a caracterizar o ministério dos seguidores de Jesus, incluindo aqueles em seus dias[249]. Em Lucas, a cura e outras manifestações visíveis da autoridade divina representam um aspecto integral e contínuo

---

[248] Atos 2.19,22,43; 4.30; 5.12; 6.8; 7.36; 14.3; 15.12.

[249] Para uma discussão mais completa sobre "sinais e prodígios", ver Menzies and Menzies, *No poder do Espírito*, Capítulo 7, e Menzies, *Pentecost*, 103-12.

do ministério de Jesus e seus discípulos. São sinais de que o reino de Deus está invadindo a época atual.

Em suma, Lucas declara que o reino de Deus está inextricavelmente ligado a Jesus, que é Senhor e Salvador. O reino de Deus não é outro senão aquele reino de bênção redentora onde o governo de Deus é exercido e reconhecido. Como tal, representa a salvação em todos os seus vários aspectos. Esta salvação tem uma dimensão futura, mas também pode ser experimentada, em parte, no presente, pela fé no anúncio do Salvador. A proclamação do reino por Jesus incluiu sinais dramáticos e visíveis da autoridade divina, como curas, exorcismos e relacionamentos radicalmente alterados.

Jesus comissionou seus discípulos a seguir seu exemplo curando os enfermos e proclamando o reino de Deus também. Ele prometeu a seus discípulos poder para cumprir essa tarefa. O livro de Atos narra o cumprimento dessa promessa. Lucas prevê que, à medida que a igreja proclama as boas novas do reino, que agora se concentra na morte e ressurreição de Jesus, as manifestações visíveis da autoridade divina e da libertação também marcarão seu ministério.

Esta breve pesquisa do conceito de reino em Lucas-Atos levanta questões significativas sobre a tentativa de traduzir ἐντὸς ὑμῶν com a frase "dentro de vocês". Como observamos, Lucas em nenhum lugar descreve o reino de Deus como algo simplesmente interno e espiritual. Muito pelo contrário, o reino de Deus se manifesta em atos dramáticos de cura e libertação. Isso resulta em uma reorientação radical da vida de uma pessoa que tem resultados visíveis e tangíveis. Longe de ser um impulso espiritual invisível e interior, o reino de Deus é retratado como aquele reino onde a autoridade divina é exercida e reconhecida. I. Howard Marshall afirma o problema sucintamente: "Jesus fala dos homens entrando no reino, não do reino entrando nos homens"[250].

A evidência do contexto mais amplo de Lucas-Atos (e, de fato, de toda a tradição sinótica) sugere que a tradução, "dentro de vocês", deve ser descartada. A melhor opção é facilmente encontrada. Com um substantivo plural, como é o caso em Lucas 17.21, ἐντός pode significar "entre" ou "no meio de"[251]. Assim, a frase em questão seria: "o reino de Deus está entre vocês" ou "o reino de Deus está no meio de vocês" (Lc 17.21)[252]. Essa leitura se encaixa perfeitamente no ensino de Jesus, conforme registrado em Lucas-Atos. É totalmente compatível com a apresentação de Jesus do reino de Deus como um reino no qual a regra Deus é exercida, muitas vezes de forma dramática e visível. Como já observamos acima, várias traduções seguem essa linha de interpretação. No entanto, a pergunta deve ser feita, essa leitura faz justiça ao contexto imediato deste dito no Evangelho de Lucas? Nos voltaremos para esta questão agora.

O CONTEXTO IMEDIATO: O DITO NA NARRATIVA LUCANA

Em Lucas 17.20-21, os fariseus iniciam a conversa levantando uma questão: quando virá o reino de Deus? Jesus responde: "O Reino de Deus não vem com visível aparência. Nem dirão:

---

[250] Marshall, *Luke*, 655.
[251] Ver Marshall, *Luke*, 655 e os estudos aí citados.
[252] Em chinês, *zhong jian*. Esta leitura é apresentada como uma opção secundária à margem da Versão da União Chinesa.

'Ele está aqui!' Ou: 'Lá está ele!'. Porque o Reino de Deus está entre vocês"[253].

Como devemos entender a resposta de Jesus? À primeira vista, parece que Jesus agora está negando o que em outro lugar é especificamente afirmado em Lucas-Atos: que os milagres de Jesus e da igreja primitiva são sinais da presença do reino de Deus (Lc 7. 21-23; 11.20; At 2.19-22; cf. 2.43). No entanto, em vista deste contexto mais amplo, provavelmente devemos entender a resposta de Jesus à luz das expectativas messiânicas prevalecentes dentro do Judaísmo. Como observa Darrell Bock, embora o Judaísmo não tivesse uma imagem monolítica da vinda do Messias, "na maioria das concepções foi uma chegada poderosa e gloriosa... a chegada do Messias seria clara e óbvia para todos"[254]. A título de exemplo, Bock cita os Salmos 17-18 de Salomão, onde um poderoso Messias "governa em Israel e o resgata das nações"[255]. Claramente, Jesus não cumpriu essas expectativas de um líder nacionalista poderoso que traria libertação política para Israel. O reconhecimento de que Jesus não atende às expectativas convencionais é muito provavelmente refletido em Lucas 7.23, onde ele responde à pergunta de João Batista: "És tu aquele que havia de vir?". Depois de falar dos cegos que enxergam, dos coxos que andam e dos leprosos curados, Jesus declara: "E bem-aventurado é aquele que não achar em mim motivo de tropeço" (Lc 7.23). De fato, houve sinais dramáticos, mas não os sinais que muitos estavam procurando.

---

[253] Eu alterei a NIV (1996) inserindo "entre vocês" no lugar de "dentro de vocês".
[254] Bock, *Luke* 9.51-24.53, 286.
[255] Bock, *Luke* 9.51-24.53, 286.

Em Lucas 17.20-21, Jesus não nega que sinais visíveis acompanham a vinda do reino; antes, ele declara aos fariseus que eles estão procurando os sinais errados. Com sua resposta, Jesus dá um aviso: suas tentativas de calcular a hora correta da chegada do reino falharam, pois o reino já chegou – ele já está em seu meio e sua fonte está diante de você – e ainda assim vocês falharam ao não o reconhecer. Certamente Jesus aqui dá ênfase a atualidade do reino de Deus. O reino já chegou em sua pessoa e, portanto, agora está presente entre eles.

Esse enfoque na atualidade do reino levanta outra questão crucial: como, então, reconciliamos esse dito com o anúncio voltado para o futuro que se segue em Lucas 17. 22-37? Certamente, a referência aos "dias do Filho do Homem" (Lc 17.23) refere-se à consumação do reino e ao fim desta era presente[256]. Parece que Lucas aqui colocou as duas ênfases no ensino de Jesus sobre o reino de Deus, sua presença surpreendente e seu cumprimento futuro em justaposição. Earle Ellis sugere que esta perspectiva alternada de presente/futuro sobre o reino é característica de Lucas e encontrada repetidamente em seu Evangelho[257]. Em seu registro da profecia de João Batista, a promessa de um Messias que batizará no Espírito Santo encontra um cumprimento presente (Lc 3.16), enquanto a promessa do julgamento de fogo se refere a um evento ainda futuro (Lc 3.17). O aviso de Jesus sobre a rejeição futura por aqueles que têm vergonha dele (Lc 9.26) é seguido pela promessa de que aqueles que estavam diante dele verão "o reino de Deus" (Lc 9.27). A versão de Lucas da oração do Senhor começa com a petição: "Venha o teu reino" (Lc 11.

---

[256] Contra Wright, *Surprised by Hope*, 125-27.
[257] Ellis, *Luke*, 210.

2), que é seguido pelo pedido do pão nosso de cada dia (Lc 11.3; cf. 11.13,20). Em Lucas 12.37-46, as referências ao julgamento futuro são seguidas por declarações sobre o julgamento imediato. Finalmente, em Lucas 16.16, um dito sobre a presente proclamação do reino é seguido por uma parábola que fala de recompensas e punições futuras (Lc 16.19-31).

Tudo isso indica que não devemos estranhar que Lucas destaque a atualidade do reino de Deus em uma declaração de Jesus que precede imediatamente um oráculo profético sobre a futura vinda do Filho do homem. Essa tensão é comum a ele e parece refletir sua preocupação em fornecer uma perspectiva precisa e equilibrada sobre o ensino de Jesus sobre a vinda do reino de Deus. É possível que Lucas, dessa forma, busque encorajar seus leitores, alguns dos quais podem ter se sentido desencorajados por perseguição. Ele os lembra que "a maneira do trabalhar de Deus no mundo requer sofrimento dos servos de Deus" e que aquelas "esperanças que ignoram essa necessidade são prematuras"[258]. Uma ênfase na presença poderosa do reino de Deus associada a uma avaliação sóbria dos desafios que necessariamente precederão a consumação do plano redentor de Deus serviria para encorajar aqueles nas comunidades missionárias de Lucas enquanto buscam dar testemunho de Jesus em face da oposição.

Já está claro que a tradução "entre vocês" faz justiça ao contexto imediato da frase, bem como ao contexto mais amplo de Lucas-Atos. Também está de acordo com o que sabemos sobre o cenário histórico real do ministério de Jesus. Isso não pode ser dito para a tradução alternativa, "dentro de vocês".

---

[258] Tannehill, *Narrative Unity*, 257.

IMPLICAÇÕES PARA A IGREJA CONTEMPORÂNEA

Uma leitura cuidadosa de Lucas-Atos revela que o reino de Deus é o reino dinâmico da bênção redentora divina, onde seu governo é exercido e reconhecido. Jesus, como Senhor e Salvador, é o agente que traz o reino de Deus. Lucas, em conjunto com os outros Evangelhos sinópticos, declara que quando as pessoas respondem com fé à pregação de Jesus ou de seus discípulos, elas entram no reino de Deus e experimentam a salvação associada a ele. Essa salvação inclui perdão, comunhão com Deus e seu povo, libertação da escravidão do pecado (transformação moral) e a promessa de vida de ressurreição. Essa salvação, entretanto, envolve ainda mais. É abrangente por natureza e impacta todos os aspectos de nossas vidas, tanto como indivíduos quanto como membros de novas comunidades do "reino". Assim, a vida no reino também é marcada por atos dramáticos de cura física, demonstrações poderosas de vitória sobre o poder demoníaco, incluindo exorcismos, e exemplos de milagrosa orientação divina. Lucas nos diz que a igreja primitiva descreveu essas demonstrações dramáticas do poder de Deus como "sinais e prodígios".

Além disso, ele nos diz que esses "sinais e prodígios" marcaram o ministério de Jesus (At 2.22) e que continuarão a marcar o ministério dos discípulos de Jesus nestes "últimos dias" (At 2.19). Portanto, ao lermos a narrativa de Lucas, somos encorajados a orar, junto com a igreja primitiva, "Agora, Senhor... concede aos teus servos que anunciem a tua palavra com toda a ousadia, enquanto estendes a tua mão para fazer curas, sinais e prodígios por meio do nome do teu santo Servo Jesus" (At 4.29-30).

Os pentecostais, então, estão certos em encorajar os "santos" a celebrar a atualidade do reino de Deus. Com bons motivos, proclamamos um Deus que está perto, um Deus cujo poder pode e deve ser experimentado aqui e agora. Devemos esperar experimentar a incrível presença divina em nosso meio e afirmar seu desejo de curar, libertar, conceder dons e transformar vidas. Um profundo sentimento de expectativa deve marcar nossa oração, "venha o teu reino" (Lc 11.2). Tudo isso está de acordo com as Escrituras. É o caminho apostólico.

No entanto, em meio a essa celebração exuberante, os pentecostais enfrentam um perigo muito presente. Essa ênfase na atualidade do reino e nos "sinais e prodígios", que permitiu aos pentecostais dar uma contribuição única, também nos torna suscetíveis a um triunfalismo desequilibrado.

Nossa visão pode se tornar (e às vezes tem se tornado) tão fixada no poder e triunfo de Deus que perdemos a capacidade de ver sua mão em meio ao sofrimento, rejeição e oposição. Nossa ênfase na *presentidade*[259] do reino é facilmente distorcida em uma escatologia superestimada arrogante e antibíblica, onde há pouco espaço para fraqueza e onde as exibições antibíblicas de poder reinam supremas. Lutero nomeou-o bem: uma "teologia da glória" que tem pouco espaço para uma "teologia da cruz"[260]. Acredito que nossa resposta a esse perigo, o corretivo que nos impedirá de cair em um triunfalismo arrogante, é o antídoto

---

[259] Trata-se de uma consciência imediata tal qual é. Nenhuma outra coisa senão uma qualidade de ser e sentir. A qualidade da consciência imediata é uma impressão (sentimento) *in totum*, indivisível, não analisável, inocente e frágil". [N. do E.]

[260] Veja Kärkkäinen, "Theology of the Cross: A Stumbling Block to Pentecostal /Charismatic Spirituality?," 150-63. Martin Mittelstadt oferece um antídoto para esse perigo em seu excelente estudo, *Spirit and Suffering*.

evangélico: uma ênfase na autoridade da palavra de Deus. Se tivermos o cuidado de julgar nossa mensagem e missão à luz das Escrituras, se buscarmos avaliar nossas experiências pelo modelo apostólico, não nos perderemos.

A história da Igreja é instrutiva e nos convida a considerar nossos passos com cuidado. Como observei anteriormente, muitos movimentos carismáticos surgiram, apenas para sucumbir aos extremos do fanatismo e da heresia. Mas, como Paulo nos lembra, existe uma maneira mais excelente. Este não é o caminho cessacionista da negação e do reducionismo racionalista. É a busca determinada, porém alegre, pela vida no Espírito, dirigida e guiada pela palavra de Deus. É a vida modelada por Jesus e a igreja apostólica. Se estivermos atentos, não seremos distraídos por respostas humanas incomuns à operação do Espírito Santo – choro, gritos e tremores (embora muitas vezes requeiram sábia liderança pastoral) – nem priorizaremos ou buscaremos novas reivindicações de "manifestações da glória" (pó de ouro, penas de anjo, etc.); em vez disso, vamos destacar e afirmar aquelas atitudes e experiências que são modeladas pela igreja primitiva no livro de Atos. Aqui está o antídoto para o triunfalismo desenfreado[261].

O estadista pentecostal britânico Donald Gee era conhecido por seu equilíbrio, sabedoria e franqueza. Vale a pena repetir seu sábio conselho a uma jovem e às vezes imatura igreja

---

[261] Lora Timenia fornece ao movimento pentecostal ferramentas essenciais e conselhos sábios para avaliar experiências e fenômenos espirituais incomuns, incluindo "manifestações de glória" contemporâneas. Sua análise simpática, porém crítica, de quatro defensores influentes do avivamento 'Toronto Blessing' nas Filipinas é marcada por uma pesquisa cuidadosa, análise informada e um coração pastoral (Timenia, "Toronto Blessing", 88-157).

pentecostal. Ele observou que as formas mais incomuns ou bizarras de comportamento que frequentemente acompanham a vinda do Espírito (gritos, latidos, risos, tremores, etc.) não são em si mesmas "manifestações" do Espírito. Em vez disso, observou, essas são respostas humanas à obra do Espírito Santo. As manifestações do Espírito são, na visão de Gee, delineadas por Paulo em 1Coríntios 12-14. Então, Gee exortou, devemos reconhecer essas reações humanas à obra do Espírito pelo que são: respostas humanas à presença de Deus. Não precisamos nos preocupar excessivamente com elas, mas certamente não devemos considerá-las modelos a serem seguidos por todos. As experiências da igreja apostólica devem servir como nosso guia. Gee observou que a liderança pastoral nessas questões é essencial, pois, embora essas respostas humanas sejam relativamente comuns e não intrinsecamente erradas, às vezes podem atrapalhar o que Deus deseja realizar. Quando isso acontecer, uma liderança sábia oferecerá a orientação necessária para manter a ordem[262].

Uma abordagem pentecostal de "sinais e prodígios" buscará seguir o modelo do Novo Testamento[263]. Nele está afirmada a atualidade do reino de Deus e o desejo de Deus de derramar seu Espírito sobre nós. Nossa postura é de abertura e expectativa, pois o chamado e o poder que a igreja apostólica

---

[262] Veja Gee, *All with One Accord*, 24-28, 56-59; Gee, *Is It God?*, 3-7; Gee, *Concerning Spiritual Gifts*, 86-101; Gee, *Why Pentecost?*, 37-40..

[263] Portanto, eu sustentaria, as igrejas que não estão dispostas a avaliar sua doutrina, prática ou experiência de acordo com o padrão do Novo Testamento não seguem a tradição pentecostal. Embora nem todos concordemos em todos os pontos de interpretação, podemos e devemos concordar que o padrão é o Novo Testamento e nos esforçamos para seguir os modelos ali apresentados.

experimentou e viveu também são nossos. A experiência deles é nossa herança. Ao mesmo tempo, os pentecostais, seguindo os passos de William Seymour, Donald Gee e outros, permitirão que o registro bíblico guie e direcione nossa experiência. Este é o padrão pelo qual avaliamos cada doutrina, prática, e experiência. Se nos desviarmos disso, perderemos nosso caminho.

CONCLUSÃO

Embora a NIV traduza ἐντὸς ὑμῶν em Lucas 17.21 com a frase "dentro de vocês" e a versão da União Chinesa siga uma abordagem semelhante, argumentei que esta tradução erra o alvo. Em Lucas-Atos e em toda a tradição sinótica, Jesus nunca se refere ao reino de Deus como um impulso interior, invisível e puramente espiritual. A noção de que o reino de Deus está "dentro de vocês" vai contra a forma como o reino de Deus é apresentado em toda a obra de Lucas em dois volumes. Em Lucas-Atos, o reino de Deus é o reino dinâmico da bênção redentora divina, onde seu governo é exercido e reconhecido. Como tal, o reino se manifesta em atos dramáticos de cura e libertação; e isso resulta em uma reorientação radical da vida de uma pessoa que tem resultados visíveis e tangíveis. Jesus, como Senhor e Salvador, é o agente que traz o reino de Deus. Assim, o reino, como um reino de bênção redentora, pode ser experimentado no presente por meio da fé na proclamação de Jesus. "Salvação" e "perdão" são termos frequentemente usados para descrever essas bênçãos redentoras, que incluem a restauração da comunhão com Deus e a transformação ética. No entanto, a salvação associada à proclamação do reino de Deus em Lucas-Atos envolve mais do que isso. É holístico por natureza e impacta todos os aspectos da vida do discípulo, tanto como indivíduo quanto como membro de uma comunidade do reino. Não é de se admirar, então, que "Jesus fala de homens entrando no reino, não do reino entrando nos homens"[264].

À luz dessas considerações, sugeri que traduzíssemos ἐντὸς ὑμῶν em Lucas 17.21 com a frase "entre vocês" ou "no meio de vocês". Se empregarmos essa tradução, o texto em questão seria: "o reino de Deus está entre vocês" ou "o reino de Deus está no meio de vocês" (Lc 17.21)[265]. Essa leitura ressoa muito bem o ensino de Jesus conforme registrado em Lucas-Atos. É totalmente compatível com a apresentação de Jesus do reino de Deus como um reino no qual o governo divino é exercido, muitas vezes de maneira dramática e visível. Além disso, essa leitura se encaixa bem no contexto imediato de Lucas 17.20-21. Serve para desafiar a compreensão nacionalista e política dos fariseus do reino de Deus e destaca a atualidade do reino de uma maneira consistente com o uso de Lucas em outros lugares.

Parece que os pentecostais leram muito bem Lucas 17.20-21. Eu encorajaria cada cristão a seguir sua orientação e celebrar com alegria a incrível presença de Deus em nosso meio, seu desejo de curar, libertar e transformar vidas. Lucas declara que "sinais e prodígios" marcaram o ministério de Jesus (At 2.22) e que eles continuarão a marcar o ministério dos discípulos dele nestes "últimos dias" (At 2.19). Vamos permitir que o registro bíblico oriente e direcione nossa doutrina, prática e experiência. E não nos esqueçamos, o reino de Deus está em nosso meio.

---

[264] Marshall, *Luke*, 655.
[265] Em chinês, *zhong jian*.

Parte III

Teologia Pentecostal
Sua trajetória evangélica

Os evangélicos afirmam que a fé em Cristo envolve um relacionamento pessoal com o Senhor ressuscitado, Jesus Cristo. Eles proclamam que, por meio do arrependimento e da fé em Cristo, somos capacitados para entrar em um relacionamento íntimo e filial com Deus. Paulo declara que, em Cristo, nos tornamos uma "nova criação" (2 Co 5.17) e membros da família de Deus (Ef 2.18; Rm 8. 15-16). Os pentecostais também defendem essas verdades fundamentais. No entanto, destacam particularmente um resultado significativo deste novo relacionamento filial com Deus em Cristo. Dessa compreensão íntima de nosso relacionamento com o Pai, afirmam os pentecostais, uma nova linguagem de oração e adoração flui – linguagem e adoração que expressam nosso discernimento dessa "filiação" com Deus. Jesus modelou este tipo de oração e adoração (Lc 11.1-13; cf. 10.21). E ele chama e permite que seus discípulos o sigam e participem desse relacionamento íntimo e incrível com o Deus Triúno.

Esta nova linguagem de oração e adoração também chama a igreja para expandir sua compreensão da grande missão de Deus e se engajar na busca universal para dar a cada pessoa neste planeta a oportunidade de ouvir o evangelho e adorar a Jesus em sua própria língua materna. A tradução de Lutero da Bíblia para o alemão e seu uso revolucionário do idioma alemão, a língua do povo em vez de uma linguagem "religiosa" especial [em latim] em hinos e adoração, representam passos iniciais importantes nesse sentido. Os pentecostais levam essa ênfase no relacionamento pessoal com Deus em Cristo um passo adiante. Afirmam eles que, como resultado desse nosso relacionamento com Cristo, os crentes podem também experimentar a oração inspirada pelo Espírito e a adoração pronunciada nas línguas do céu (1Co 13.1). Essa experiência também, como veremos, tem implicações missiológicas significativas.

O capítulo 5, "Jesus, intimidade e linguagem", desenvolve esses temas e coloca os pentecostais em uma trajetória de oração, adoração e missão iniciada por Jesus, recapturada por Lutero e que encontra seu cumprimento final na intimidade da oração inspirada pelo Espírito - oração modelada por Jesus (Lc 10.21-22), encorajada por Paulo (Rm 8.15-17, 26-27) e confirmada pelos pentecostais modernos.

Essa trajetória de oração e adoração inspirada pelo Espírito culmina em uma prática cara ao coração de todos os evangélicos, o evangelismo. Visto que os evangélicos acreditam que o evangelho está centralizado em um chamado para entrar em um relacionamento pessoal com Jesus Cristo, eles destacam a importância do evangelismo. A participação ativa na grande missão de Deus não é opcional para os evangélicos, pois é central para a vida cristã, fundamentalmente uma vida de serviço obediente a Cristo. Os pentecostais também enfatizam a ligação inseparável entre discipulado e missões. Na verdade, argumentaremos no capítulo 6, "Espiritualidade Missional", que os pentecostais, com sua nova leitura de Lucas-Atos, oferecem uma nova visão teológica importante sobre essa compreensão missiológica do discipulado.

Capítulo 5

Jesus, Intimidade e Idioma

Minha loja de macarrão favorita fica num pequeno espaço térreo de um prédio alto de apartamentos. A família muçulmana que administra a loja é originária da cidade de Lanzhou e, portanto, a loja se chama Lanzhou La Mian (ou seja, "macarrão 'puxado' de Lanzhou"). Não faz muito tempo, me vi sozinho no lugar com o patriarca da família, o senhor Ma. Então, aproveitei a oportunidade para falar com ele sobre seu relacionamento com Deus. Perguntei, então: "Você acredita em Deus, não é?". Após sua resposta afirmativa, respondi: "Eu também acredito em Deus". Então perguntei: "Você costuma orar, não é?" Mais uma vez, quando respondeu "sim", percebi que ora com frequência. Então perguntei a ele: "Que língua você usa quando ora?" Ele respondeu: "Árabe". Então perguntei: "Que língua você fala em casa com sua família?" "Mandarim [chinês]", respondeu ele. "Você costuma orar em mandarim?", perguntei. "Árabe", foi sua única resposta. Era evidente que, para o Sr. Ma, e suspeito que para a maioria dos muçulmanos, senão todos, ao redor do mundo, o árabe é a língua da oração, a língua do céu.

Algumas semanas depois, estava eu na área de desembarque de um dos principais aeroportos de Bangkok. Enquanto esperava minha bagagem emergir na esteira rolante, notei dois judeus ortodoxos. Esses dois jovens, com cerca de 40 anos, estavam por perto, também esperando por suas malas. Ambos estavam vestidos da mesma forma, com o tradicional e distinto terno preto e camisa branca dos judeus ortodoxos, completado por um chapéu cobrindo parcialmente uma pequena caixa presa à sua testa contendo as Escrituras Hebraicas. Escrituras impressas em tiras de couro também estavam enroladas em seus braços. Um xale de oração com borlas pendia por baixo de seus paletós escuros[266]. Não havia dúvida de quem eram esses homens e no que acreditavam. Decidi aproveitar a oportunidade, então me aproximei e comecei uma conversa com o judeu mais próximo de mim. Comecei perguntando ao homem: "De onde você é?" Ele olhou para mim e deu de ombros, como se dissesse "não é óbvio?", E então respondeu: "Somos de Israel." E continuei: "Mas onde sua família morava antes de se mudar para Israel?" Ele acenou com a cabeça e declarou, com um olhar de compreensão, "Rússia". Então, perguntei ao meu amigo recém-descoberto:

---

[266] As pequenas caixas de couro preto que contêm textos da Torá são usadas na cabeça e, portanto, chamadas de tefilin de cabeça (também conhecido como filactérios). As tiras de couro que envolvem os braços e as mãos são chamadas de tefilin de mão. Esta forma de roupa é baseada em uma leitura literal de Êxodo 13.9-10,16; e Deuteronômio 6.8; 11.18. Os mantos de oração com borlas, também conhecidos como talit, são baseados em Números 15.38-40.

"Que língua você usa quando ora?" Suas expressões faciais revelaram novamente sua surpresa. A resposta a esta pergunta foi ainda mais óbvia do que a primeira. "Hebraico", declarou ele. Claramente, esse judeu ortodoxo sentia que havia realmente apenas um idioma para a oração. Sua resposta me lembrou das discussões judaicas intertestamentárias sobre a oração e a linguagem do céu. Havia essencialmente duas perspectivas. Um grupo sustentou que a linguagem do céu era uma linguagem esotérica, não conhecida na terra. Era uma linguagem especial, a linguagem de Deus e seus anjos. Ainda um segundo grupo insistiu que Deus falava hebraico. Esta seria a língua do céu e se alguém desejava que suas orações fossem ouvidas, ele ou ela deveria orar em hebraico. Esta seria a única linguagem que Deus ouviria e entenderia[267].

Essas duas experiências me lembraram um fato importante. Muitas pessoas em todo o mundo acreditam que existe uma linguagem religiosa especial, uma linguagem especial para a oração. Para os muçulmanos, esse idioma é o árabe. É a linguagem de suas Escrituras e a linguagem da oração. Para os judeus, essa linguagem espiritual especial é o hebraico. Ambos afirmam que, se você deseja orar a Deus e ser ouvido, deve usar essa linguagem especial.

Estou extremamente grato pelo fato do ensino de Jesus sobre a oração ser diferente. Jesus ensina seus discípulos a orar em sua língua materna, não na linguagem religiosa especial de seus contemporâneos judeus. Este fato maravilhoso é muito significativo para nós. Significa que "em Cristo" podemos usar

---

[267] Poirier, *Tongues of Angels*, veja os capítulos 2 e 3 para textos que apoiam a visão hebraica e os capítulos 4 e 5 para textos que expressam a visão esotérica.

nossa linguagem do coração para falar com Deus e nos dirigir a ele como "Pai". Vamos agora abordar este importante tópico.

ORAÇÃO "ABA" DE JESUS

Os discípulos pediram a Jesus que os ensinasse a orar (Lc 11.1). Ele responde com a oração do Senhor (Lc 11.2-4). Observe como esta oração incrível começa com uma palavra maravilhosa, "Pai". A palavra, "Pai", é a tradução em português do grego Πάτερ, encontrado no texto de Lucas. No entanto, em vista de várias passagens-chave encontradas em outras partes do Novo Testamento, é quase certo que a instrução original sobre a oração que Jesus ofereceu aos seus discípulos foi pronunciada em aramaico. O primeiro texto que apoia esse julgamento é encontrado em Marcos 14.35-36. Aqui, encontramos Jesus, na noite anterior à sua crucificação, orando no Getsêmani. É um dos momentos mais estressantes e emocionais da vida de Jesus. O texto diz:

> E, adiantando-se um pouco, prostrou-se em terra; e orava para que, se possível, lhe fosse poupada aquela hora. E dizia: Aba, Pai, (Αββα ὁ πατήρ), tudo te é possível; passa de mim este cálice! Porém não seja o que eu quero, e sim o que tu queres (Mc 14.35,36).

Esta passagem do Evangelho de Marcos revela que as orações de Jesus eram tipicamente proferidas em aramaico e que ele usava rotineiramente o termo "Aba" para se dirigir a Deus, o Pai. Esta avaliação é confirmada por duas passagens, paralelos próximos, nas epístolas paulinas (Rm 8.15-16 e Gl 4.6-7). O texto de Romanos diz:

> Porque vocês não receberam um espírito de escravidão, para viverem outra vez atemorizados, mas receberam o Espírito de adoção, por meio do qual clamamos: "Aba, Pai" (Αββα ὁ πατήρ). O próprio Espírito confirma ao nosso espírito que somos filhos de Deus.

Esta mesma frase, Αββα ὁ πατήρ, encontra eco em Gálatas 4.6. Esses dois textos paulinos destacam uma bela verdade: o Espírito Santo nos revela que em Cristo fomos "adotados" na família de Deus. Assim, Paulo declara, o Espírito nos capacita a clamar "Aba, Pai" (Rm 8.15; Gl 4. 6). Essa declaração levanta uma questão importante: O que inspirou Paulo a descrever nossa compreensão dessa "adoção", nossa experiência de "filiação", dessa forma? O que o motivou a falar do Espírito movendo-nos a clamar "Aba, Pai?"

À luz de Marcos 14.36, só pode haver uma resposta: Jesus. Foram as orações de Jesus e seu ensino sobre a oração (Mc 11.1-4; cf. Mt 6.9-13) que inspirou a escolha de palavras de Paulo neste ponto.

Todos esses textos – as três ocorrências de "Aba" no Novo Testamento – demonstram dois fatos surpreendentes e de vital importância sobre a vida de oração de Jesus e sua instrução aos discípulos a respeito da oração. Ambos os fatos devem ter chocado e escandalizado muitos dos contemporâneos judeus de Jesus. No entanto, eu acrescentaria, para nós eles vêm como um presente incrível.

Primeiro, seguindo sua própria prática pessoal (Mc 14.36), Jesus ensinou seus discípulos a orar em sua língua materna, o aramaico[268]. Ele não seguiu o costume judaico e os ensinou a orar na língua "religiosa" do povo judeu (hebraico), a linguagem de suas Escrituras e suas orações comunitárias[269]. Jesus rompeu com essas convenções e incentivou seus discípulos a orar em sua linguagem do coração. Em vista do fato de que muitos rabinos consideravam o hebraico a língua do céu – e, portanto, por extensão, a única língua que Deus ouvia – esta é, de fato, uma notável reviravolta nos eventos[270]. É um fato que, iremos argumentar, tem ramificações dramáticas para a vida cristã.

Em segundo lugar, novamente, seguindo sua prática pessoal, Jesus ensinou seus discípulos a se dirigir a Deus como "Pai" ("Aba") quando orassem. O significado do termo, "Aba", tem sido calorosamente debatido por estudiosos e teólogos. No entanto, tudo isso parece estar claro. "Aba" era claramente um termo de respeito e poderia ser usado por um aluno se dirigindo a seu professor. Ainda mais comumente, também era usado por uma criança pequena ao chamar seu pai. Kenneth Bailey, que serviu como missionário no Oriente Médio por mais de quarenta anos, descreve a discussão desse termo, "Aba", com

---

[268] Bailey, *Jesus Through Middle Eastern Eyes*, 95.
[269] Como Bailey observa, "O judeu que falava aramaico no primeiro século estava acostumado a recitar suas orações em hebraico, não em aramaico" (*Jesus Through Middle Eastern Eyes*, 95).
[270] Poirier, *Tongues of Angels*, 16. "b. Sabb. 12b :. . .e [não] R. Yochanan disse: "Todos os que fazem petições por suas necessidades em aramaico, os anjos ministradores não atenderão a ele, porque os anjos ministradores não entendem o aramaico!". Quero agradecer a Russell Spittler por me apontar a esta referência. Veja Spittler, "Review of John C. Poirier's The Tongues of Angels", 146-52.

um grupo de mulheres palestinas. Alguém exclamou: "*Aba* é a primeira palavra que ensinamos a nossos filhos"[271].

Muitos contemporâneos de Jesus devem ter ficado chocados quando ouviram a ele ou seus discípulos se dirigirem a Deus como "Aba". Embora Deus seja frequentemente descrito como sendo um pai no Antigo Testamento, em nenhum lugar ele é chamado diretamente de "Pai". Se expandirmos nossa pesquisa da literatura judaica relevante além das Escrituras Judaicas, encontraremos que esse endereço direto na oração como "Pai" é extremamente raro[272]. Portanto, quando Jesus ensinou seus discípulos a orar em aramaico e começar suas orações dirigindo-se a Deus como "Aba, Pai", ele estava desafiando a tradição. Ele rejeitou a crença amplamente difundida de que devemos usar uma linguagem "religiosa" especial ao nos comunicarmos com ou sobre Deus. Além disso, ele chamou e capacitou seus discípulos a estabelecer uma relação filial com Deus caracterizada por uma profunda intimidade. Este relacionamento íntimo e filial, tão belamente ilustrado na parábola do Pai Gracioso[273] (Lc 15.11-32), é expresso poderosamente com uma palavra: "Aba".

Esta prática contracultural de Jesus, chamando seus discípulos a orar em sua língua materna e com o termo profundamente íntimo, "Aba", tem implicações significativas sobre como entendemos nosso próprio relacionamento com Deus, com outros cristãos e com não-cristãos. Chama-nos, primeiro, a reconhecer o profundo desejo de Deus de entrar em um relacionamento íntimo conosco. Essa relação incrível, como observamos, é

---

[271] Bailey, *Jesus Through Middle Eastern Eyes*, 97.
[272] Bailey, *Jesus Through Middle Eastern Eyes*, 97.
[273] "Pai Gracioso" é a expressão que Menzies usa para a parábola mais conhecida como "Filho Pródigo". [N. do E.].

retratada em todo o Novo Testamento, mas talvez em nenhum lugar mais belamente do que na parábola de Jesus sobre o Pai Gracioso e na declaração de Paulo em Romanos 8.15-17.

A segunda implicação flui naturalmente da primeira. Se, para aqueles que estão em Cristo, Deus é nosso Pai (Mt 6.9), então isso significa que nós no corpo de Cristo somos todos irmãos e irmãs. Nós somos família. Esse fato nos chama a exercer paciência e graça em nosso relacionamento com outros crentes na igreja. Como um amigo da Iugoslávia, antes do colapso da ex-União Soviética, comentou ironicamente: "Os russos, eles são nossos irmãos. Você sabe a diferença entre amigos e irmãos? Você pode escolher seus amigos". Na igreja, não podemos escolher aqueles com quem teremos comunhão. Não, isso é obra de Deus. Ele nos reuniu e, embora antes fôssemos "estrangeiros e estranhos", ele nos permitiu tornar-nos membros de sua casa (Ef 2.19). Portanto, somos chamados a tratar uns aos outros como família, aceitando, ajudando e encorajando uns aos outros a crescer e amadurecer em Cristo (Ef 4.11-16).

A terceira implicação da perspectiva única de Jesus sobre a oração impacta nossos relacionamentos com os não-cristãos. O chamado de Jesus para seus discípulos orarem em sua língua materna esclarece nossa tarefa. Ele define nossa missão. Convida-nos a reconhecer que todos devem ter a oportunidade de se comunicar com Deus em sua própria língua materna. A intimidade da prece "Aba", que é intensificada e expressa através do uso do vernáculo, a linguagem do coração, fornece forte motivação experiencial, então, para cristãos e cristãs se engajarem em missões transculturais e encarnacionais. Obriga-nos a correr riscos, a sofrer adversidades se necessário e, acima de tudo, a transpor todas as barreiras culturais e linguísticas para que todos possam ouvir o evangelho, conhecer a Cristo e, assim, relacionar-se com Deus como "Pai".

INTUIÇÕES DE LUTERO

Não muito tempo atrás, no dia 31 de outubro de 2017, comemoramos o aniversário de quinhentos anos da Reforma Protestante. Nesse dia, em 1517, Martinho Lutero pregou suas 95 teses na porta da Igreja de Wittenberg e, inadvertidamente, lançou uma série de eventos que mudariam dramaticamente o mundo. A Reforma havia começado.

Todos os evangélicos, incluindo os pentecostais, são descendentes de Lutero e da Reforma. Quatro principais grupos religiosos emergiram da Reforma – os luteranos, presbiterianos, anglicanos e as igrejas livres (anabatistas, menonitas, irmãos, entre outros) – e o movimento evangélico emergiu desses grupos. Como vimos, o movimento pentecostal também nasceu dessas raízes, nutrido em grande parte pelo avivamento americano e pelo movimento de santidade[274].

A Reforma foi marcada por quatro verdades fundamentais:
- Só a Bíblia (não as tradições humanas ou da igreja) é autorizada
- Só a fé (não boas obras) leva à salvação
- Só Cristo (não outros mediadores, como sacerdotes) oferece nossa salvação

---

[274] Meu resumo das doutrinas centrais da Reforma e impacto baseia-se em uma série de e-mails que recebi (de 18 de agosto a 30 de outubro de 2017) do falecido Dr. Calvin Holsinger.

- Dois sacramentos ou ordenanças: batismo nas águas e Ceia do Senhor.

A Reforma foi lançada pela corajosa reafirmação do Evangelho por Lutero. Como um jovem monge dedicado a servir a Deus, passou por um período de intensa luta pessoal com seus próprios sentimentos de pecaminosidade e indignidade. Ele sabia que não atendia ao padrão de justiça de Deus. Como resultado, ficou profundamente frustrado e cheio de raiva contra Deus. Ele desceu ao desespero. Então, como resultado de seu estudo do Novo Testamento, e particularmente Romanos 1.16-17, Lutero percebeu que "a justiça de Deus" vem de Cristo, não de nossas boas obras. Ele veio a entender o evangelho – quando nos arrependemos e colocamos nossa fé em Cristo, seremos justificados e nos tornaremos filhos de Deus – numa época em que a igreja havia perdido de vista essa verdade fundamental. Compreendeu e experimentou a verdade libertadora de que em Cristo, quando Deus olha para nós, ele vê a justiça de Cristo ao invés de nosso pecado. A vida de Lutero foi assim transformada[275].

Deve-se notar que as percepções de Lutero fluíram de seu estudo da Bíblia, especialmente do Novo Testamento. Em seus dias, o currículo para os jovens que entravam no sacerdócio e na vida monástica não incluía um estudo extensivo da Bíblia. No primeiro ano, os jovens estudantes recebiam uma Bíblia em latim. No entanto, isso normalmente era retirado depois que o noviço se tornava monge e o currículo avançado focava em outros assuntos, incluindo a filosofia grega (especialmente os

---

[275] Meu breve resumo da vida e ministério de Lutero baseia-se em muitas fontes, mas estou particularmente grato ao maravilhoso livro de Eric Metaxas, *Luther*.

escritos de Aristóteles, que Lutero passou a odiar) e as tradições da igreja[276]. No entanto, Lutero estava determinado a estudar a Bíblia e em suas línguas originais. O Novo Testamento grego de Erasmus que tinha acabado de ser publicado em 1516 e a ênfase da Renascença em "voltar às fontes" o encorajaram a esse respeito.

Então, motivado por suas próprias questões pessoais, ele se prostou sobre as Escrituras e se reapropriou da mensagem apostólica. A reafirmação do evangelho por Lutero teve um impacto profundo em sua vida. Ele de "odiar a Deus" passou a "amá-lo". Passou de um homem cheio de raiva e desespero a um homem cheio de propósito e esperança[277]. Esse relacionamento íntimo e recém-descoberto com Deus, enraizado no evangelho, não apenas transformou a vida pessoal de Lutero, mas também o impulsionou a um papel de liderança na igreja. Embora fosse um improvável profeta ou líder revolucionário, na providência de Deus, ele foi lançado no cenário mundial por meio de uma série de eventos que nunca poderia ter imaginado naquele fatídico 31 de outubro de 1517.

O que é particularmente notável sobre a Reforma de Lutero para nossos propósitos é o impacto que ele e a Reforma tiveram sobre a adoração corporativa. Antes dele, a igreja medieval funcionava com uma única "linguagem religiosa". A adoração era conduzida inteiramente em latim. Os sermões eram pregados em latim. As Escrituras eram escritas e lidas em latim. Os coros, compostos por padres e monges, eram cantados em latim. Os membros da igreja, que em sua maioria não entendiam latim,

---

[276] Metaxas, *Luther*, 53, e por sua aversão a Aristóteles, 69.
[277] Metaxas, *Luther*, 93-99.

foram encorajados a participar obedientemente e seguir em frente. Os padres, que falavam latim e, portanto, exerciam autoridade inquestionável em assuntos religiosos, serviam como guias do povo, seus mediadores com Deus. Afinal, Deus falava latim.

Quando Lutero compreendeu o evangelho e encontrou Cristo como seu Salvador, decidiu mudar esse triste estado de coisas. Ele traduziu a Bíblia para o alemão, a língua do povo. Na verdade, a Bíblia de Lutero é famosa por unificar a língua alemã e, dessa forma, estabelecer a base para o alemão moderno. Sua motivação para traduzir a Bíblia para o alemão era clara: ele queria que todas as pessoas, não apenas os estudiosos e sacerdotes, tivessem acesso à palavra de Deus. Desejava fazer a Bíblia disponível no vernáculo, a língua falada pelas pessoas comuns.

Lutero não foi a primeira pessoa a ter esse sonho. Jan Huss defendeu opiniões semelhantes quase cem anos antes e, como resultado, foi queimado na fogueira em 1415. Hus foi muito influenciado por John Wycliffe, um sacerdote inglês que no século XIV procurou tornar a Bíblia disponível na língua do seu povo. As opiniões de Wycliffe, no entanto, foram posteriormente consideradas heréticas pelo Concílio de Constança em 1415. Então, enquanto Lutero estava sobre os ombros de Wycliffe e Huss, ele foi talvez o primeiro cristão da defunta idade média capaz de ver seu sonho de adoração vernácula se tornar uma significativa realidade.

Lutero não apenas traduziu a Bíblia para o alemão, a língua materna das massas, mas também introduziu sermões em língua vernácula e canto congregacional aos serviços de adoração cristã[278]. Os sermões em latim deram lugar à pregação

---

[278] Metaxas, *Luther*, 287, 374-77.

em alemão ao som de hinos em alemão, muitos deles escritos pelo próprio Lutero e cantados pelo povo. É significativo que a ênfase de Lutero em orar, pregar, cantar e ler a palavra de Deus na língua materna fluiu de sua reafirmação do evangelho e seu relacionamento íntimo e recém-descoberto com Deus em Cristo. A trajetória do evangelho que leva ao relacionamento íntimo com Deus, que por sua vez produz a oração em língua vernácula e culmina em uma paixão por Cristo a ser proclamado em todas as línguas entre todos os povos, começa com Jesus e recebe um impulso único com sua prece "Aba". Essa trajetória pode então ser traçada na experiência e ministério de Lutero. Ele encontra cumprimento notável na experiência pentecostal, adoração e missões. Nos voltaremos agora para este cumprimento pentecostal.

A CONTRIBUIÇÃO PENTECOSTAL

Como Lutero em sua época, os pentecostais da era moderna destacam o fato de como nosso relacionamento íntimo com Deus, experimentado por meio da fé em Cristo, impacta a linguagem da oração e da adoração. Pentecostais, assim como Jesus e Lutero, ressaltam a importância do uso do vernáculo na adoração. No entanto, seguindo Jesus e Paulo, os pentecostais desafiam as limitações de uma "linguagem religiosa" de uma maneira adicional. Não apenas ressaltam o uso de nossas línguas maternas humanas na oração e adoração, mas também encorajam o uso da língua materna divina, a linguagem do Espírito, na oração e na adoração. O apóstolo Paulo estava muito familiarizado com esta língua, esta linguagem celestial. No capítulo 3 anteriormente, examinamos as muitas referências nas epístolas paulinas à glossolalia como uma forma de oração doxológica inspirada pelo Espírito[279]. Esses textos, que descrevem o Espírito orando por meio do crente, relacionam o falar em línguas com um forte senso de comunhão com Cristo. Isso talvez seja expresso de forma mais bela na prece "Aba" encontrada em Romanos 8.15-16 e Gálatas 4.6. Paulo declara que, "o próprio Espírito testifica com o nosso espírito que somos filhos de Deus" (Rm 8.16). Embora a prece "Aba" faça referências à oração carismática de forma mais ampla, ela inclui claramente a oração glossolálica. Além disso, as palavras do apóstolo aqui pintam uma imagem poderosa do que acontece quando o Espírito ora por meio de nós. Somos arrebatados pelo amor de Cristo e cheios de alegria quando começamos a vislumbrar o significado de nossa adoção divina. É de se admirar que as palavras humanas falhem em expressar adequadamente o que sentimos?

Muitos cristãos, especialmente aqueles educados no Ocidente, lutam com a noção de que um discurso ininteligível pode ser edificante e transmitir intimidade[280]. No entanto, existem muitos exemplos daquilo que transcende a descrição ou compreensão racional, servindo como um poderoso veículo para expressar emoções profundas. Poesia e música são ótimos exemplos. Existe, entretanto, talvez uma analogia ainda mais próxima e melhor para as línguas estranhas entre os pentecostais. O termo "idioleto" é usado para descrever uma linguagem íntima que só é entendida e compartilhada por alguns poucos

---

[279] 1Coríntios 12. 2-3; 14. 14-17; Romanos 8.15-16; Gálatas 4.6; Efésios 5.18; 6.18; Colossenses 3.16; 1Tessalonicenses 5.19; observe também Judas 20.

[280] Ver, por exemplo, MacArthur, *Strange Fire*, 75.

selecionados. Gêmeos na infância, por exemplo, costumam usar uma linguagem própria. Só eles podem se comunicar por meio desse idioleto.[281] Esse uso implica familiaridade, confiança e intimidade. As passagens paulinas mencionadas acima apoiam essa descrição da glossolalia como uma espécie de idioleto. Glossolalia, como um idioleto compartilhado por gêmeos, é um lembrete contínuo de nosso relacionamento íntimo e filial com Deus em Cristo. É um lembrete único para cada indivíduo, tornado possível pela inspiração do Espírito Santo e expresso em uma forma de linguagem íntima.

A trajetória que mapeamos acima vai da recepção do evangelho ao relacionamento íntimo com Deus, que por sua vez produz a oração em língua vernácula e culmina no desejo de levar o evangelho até os confins da terra. Portanto, não apenas destaca a importância de entrar em um relacionamento íntimo com Deus em Cristo, mas também destaca a prioridade das missões transculturais. Aqui, novamente, eu argumentaria que os pentecostais deram um passo além do mandato missionário além de qualquer coisa que Lutero pudesse imaginar ou contemplar. Em vista do fato de que o movimento pentecostal, com seu crescimento explosivo, produziu "uma das mudanças mais dramáticas no cristianismo desde a Reforma"[282], essa é uma avaliação difícil de contestar. O poder missiológico do movimento pentecostal moderno não deve ser surpresa para os estudantes da Bíblia, pois os temas do poder do Espírito, testemunho transcultural ousado

---

[281] Idioleto é o sistema linguístico de um único indivíduo num determinado período de sua vida, que reflete suas características pessoais, os estímulos a que foi submetido, sua biografia etc.; idiolecto [Pertence ao campo da langue, e não da parole, porque trata de particularidades linguísticas constantes, não fortuitas.]. [N. do E.].

[282] Tennent, *Theology in the Context of World Christianity*, 2.

e oração glossolálica estão inextricavelmente ligados no relato de Lucas do derramamento pentecostal do Espírito em Atos 2.

Em Atos 2.4, lemos que os presentes foram todos cheios do Espírito Santo e começaram a "falar em outras línguas [λαλεῖν ἑτωναις γλώσσαις] conforme o Espírito os capacitou". Este fenômeno cria confusão entre os judeus da multidão que, somos informados, representam "todas as nações debaixo do céu" (At 2.5). A multidão se aglomerou em espanto porque "cada um os ouviu falando em sua própria língua" (διαλέκτῳ; At 2.6). Esses detalhes se repetem enquanto Lucas narra a resposta do grupo atônito: "Não são todos esses homens que falam galileus? Então, como é que cada um de nós os ouve em sua própria língua nativa" (διαλέκτῳ; At 2.7-8)? Depois que a multidão enumera com espanto as várias nações representadas pelos presentes, eles declaram: "Nós os ouvimos declarando os prodígios de Deus em nossas próprias línguas" (γλώσσαις; At 2.11)! Visto que Atos 2.11 relaciona claramente γλώσσαις às várias línguas humanas dos presentes na multidão, a maioria dos estudiosos entende as "línguas" (γλώσσαις) de At 2.4 e 2.11 como referindo-se à fala inteligível. Os discípulos são capacitados pelo Espírito a declarar "os prodígios de Deus" em línguas humanas que não haviam aprendido anteriormente.

É importante notar que esse milagre da linguagem no Pentecostes não é uma reversão literal de Babel. Os discípulos de Jesus que foram "cheios do Espírito Santo e começaram a falar em outras línguas" (At 2.4) não falavam uma única língua que todos entendessem. Em vez disso, eles falaram nas várias línguas maternas de cada indivíduo presente. As características culturais não foram obliteradas. Pelo contrário, o Espírito Santo capacitou seus discípulos a abraçá-las e usá--las em suas ministrações. Havia muitos idiomas, mas apenas uma mensagem. E a mensagem era simplesmente esta: Jesus é o Senhor ressuscitado e exaltado e somente Jesus é digno de nosso louvor e adoração (At 2.33).

O relato de Lucas sobre o Pentecostes, então, destaca o significado da prece "Aba" de Jesus para os cristãos hoje[283]. Ela nos chama a ver que também temos um mandato claro para levar o evangelho de Jesus Cristo até os confins da terra. O fato de que o Espírito inspira os discípulos no Pentecostes a falar em múltiplas e diversas línguas – na verdade, línguas desconhecidas para eles – deve nos encorajar a reconhecer que nós também somos chamados a nos identificar e nos inserir dentro das culturas dos diversos grupos de povos deste nosso planeta. Em suma, como Jesus, também nós devemos assumir a encarnação. Esta é a natureza da nossa missão e a prece "Aba" de Jesus, entendida à luz do Pentecostes, esclarece e reforça este fato.

Nosso destino como cristãos, descrito no livro do Apocalipse, confirma esse discernimento. Tal visão escatológica nos ajuda a compreender o significado missiológico da prece "Aba" de Jesus. Já observamos como Paulo descreve o grito de "Aba" inspirado pelo Espírito – um grito que surge de nosso encontro íntimo com Deus em Cristo – com o verbo κράζω (Rm 8.15, Gl 4.6). Este verbo também ressoa no grito que está registrado em Apocalipse 7.9-10.

> Depois disso, olhei e eis uma grande multidão que ninguém poderia contar, de todas as nações, de todas

---

[283] É significativo que, no contexto do ensino de Jesus sobre a oração Senhor (Lc 11.1-4), Lucas também relata o chamado de Jesus para seus discípulos orarem suplicando pelo Espírito Santo (Lc 11.13).

as tribos e povos e línguas, em pé diante do trono e do Cordeiro, vestidos de mantos brancos, com ramos de palmeira nas mãos, e clamando [κράζουσιν] em alta voz: "A salvação pertence ao nosso Deus que está assentado no trono, e ao Cordeiro!"

Mais uma vez, vemos uma ênfase na unidade dentro da diversidade cultural. A "grande multidão" vem de todas as nações, tribos e línguas, e ainda assim todos expressam o mesmo clamor: "A salvação pertence ao nosso Deus... e ao Cordeiro!" O fato de que Jesus nos chama e nos capacita a entrar em relacionamento íntimo e filial com Deus é lindamente expresso na liberdade que encontramos em nos comunicarmos com Deus em nossas diversas línguas maternas. Na verdade, Jesus, Lucas, Paulo e João, de várias maneiras, nos encorajam a expressar nossa relação filial com Deus, que está enraizada na morte expiatória de nosso Salvador, Jesus, o Cordeiro de Deus, por meio de orações inspiradas pelo Espírito, formadas nas línguas de nossos corações. Não há necessidade de fingimento. Não existe uma linguagem religiosa especial que devemos usar. Não precisamos adotar uma cultura ou maneira de falar estranha. Somos livres para expressar nossa alegria e amor na linguagem íntima de nosso ser mais profundo. Às vezes, essa alegre comunhão assume a forma de oração em uma linguagem celestial, um idioleto do Espírito. Essa profunda comunhão com Deus é o propósito para o qual fomos criados e uma experiência que, Jesus nos diz, ninguém deve perder (Jo 3.16).

Tudo isso sugere que os pentecostais, ao se apropriarem das preciosas intuições sobre a obra do Espírito encontradas no Novo Testamento, estão seguindo os passos de Jesus e Lutero. Eles também desafiam o uso de "linguagem religiosa", encorajando o uso do vernáculo na adoração. No entanto, os pentecostais vão mais longe do que Lutero no sentido de que também encorajam o uso da língua materna divina, a linguagem do Espírito, na oração. Esta prática pentecostal encontra sustentação bíblica nas descrições de Paulo da glossolalia como oração doxológica inspirada pelo Espírito. Para o pentecostal, a oração em línguas é um lembrete contínuo de nosso relacionamento íntimo e filial com Deus em Cristo. Esse relacionamento íntimo com Cristo também serve como uma motivação poderosa para o envolvimento em missões. Ao interpretar o relato de Lucas sobre o Pentecostes contra o pano de fundo da prece "Aba" de Jesus, os pentecostais são capazes de destacar de uma forma única o significado missiológico desta oração para os cristãos hoje. Os resultados podem ser vistos em todo o mundo.

CONCLUSÃO

Evangélicos em todo o mundo são conhecidos por sua ênfase no Evangelho, no relacionamento pessoal com Deus em Cristo e no envolvimento em missões. A prece "Aba" de Jesus (Lc 11.1-4), argumentei, junta cada um desses distintivos importantes. Esta bela oração é um resumo das "boas novas" de Jesus e, ao desafiar as convenções judaicas tradicionais sobre a linguagem e a forma de oração, nos chama a entrar na profunda comunhão com Deus que só ele torna possível. Além disso, ao desafiar a noção de uma "linguagem religiosa" especial, a prece "Aba" fornece uma razão clara e uma motivação poderosa para o envolvimento em missões transculturais. Resumindo, a prece "Aba" de Jesus de uma forma concisa e convincente une os grandes temas do movimento evangélico.

Este fato é belamente ilustrado na vida e ministério do grande reformador Martinho Lutero. Sua compreensão do Evangelho – numa época em que a igreja infelizmente havia perdido de vista sua mensagem e poder – transformou seu relacionamento com Deus. Seu novo relacionamento íntimo com Deus, agora entendido como acessível por meio da fé em Cristo, o levou a mudar os padrões tradicionais de oração e adoração em seus dias. Lutero traduziu a Bíblia para o alemão, a língua do povo, e incentivou a oração e a adoração em sua própria língua para que todas as pessoas tivessem acesso ao evangelho e, por meio dele, ao relacionamento com Deus.

Argumentei que essa trajetória – que vai da recepção do Evangelho ao relacionamento íntimo com Deus, que por sua vez produz a oração em língua do povo e culmina no desejo de levar o evangelho até os confins da terra – também é encontrada no movimento pentecostal moderno, mas de uma maneira nova. Como Lutero e seguindo Jesus, os pentecostais também desafiam as limitações da "linguagem religiosa". No entanto, ele não apenas dão ênfase ao uso de nossas línguas maternas humanas na oração e adoração, mas também encorajam o uso da língua materna divina, um idioleto compartilhado com o Espírito Santo, em oração e adoração. A oração glossolálica pelos pentecostais serve como um lembrete contínuo de seu relacionamento íntimo e filial com Deus em Cristo.

Esse relacionamento íntimo com Cristo também fornece uma motivação poderosa para um testemunho corajoso e transcultural. Na verdade, ao interpretar a narrativa do Pentecostes de Lucas contra o pano de fundo da prece "Aba" de Jesus, os pentecostais destacam de modo único o significado missiológico desta oração para os cristãos hoje.

Capítulo 6

Espiritualidade Missional
Uma Contribuição Pentecostal
para a Formação Espiritual

O movimento pentecostal atraiu milhões de pessoas ao redor do mundo, produzindo "uma das grandes migrações religiosas dos tempos modernos"[284]. Todos os observadores experientes concordam que esse movimento incrível está mudando a face da igreja cristã. Além disso, em muitos países, como Brasil e Coréia, é difícil superestimar seu impacto na sociedade em geral. Portanto, não deve ser surpresa quando Allan Anderson descreve o movimento pentecostal moderno, amplamente concebido, como "o grupo de igrejas que mais cresce dentro do cristianismo hoje"[285].

---

[284] Wacker, *Heaven Below*, 1.
[285] Anderson, *Introduction to Pentecostalism*, 1. A declaração de Anderson refere-se aos "movimentos pentecostais e carismáticos em toda a sua variedade

No entanto, como observamos, apesar de seu incrível crescimento e impacto, muitos cristãos ainda não veem o movimento pentecostal como tendo muito a oferecer teologicamente. A sabedoria convencional sugere que o movimento pentecostal é um movimento de ação ao invés de reflexão, experiência ao invés de doutrina. Nossos amigos cultos, que preferem adorar de maneira mais serena e cognitiva, falam da exuberância pentecostal em tons educados, mas condescendentes. Suas respostas negativas frequentemente revelam suas próprias suposições não examinadas, a principal das quais é esta: o "entusiasmo" da igreja primitiva era exclusivo da era apostólica e não é mais apropriado para os cristãos hoje. "Visões e sonhos, profecias e línguas, louvor alto e alegre, são todos anacrônicos", afirmam, "e não devem ser vistos como modelos contemporâneos". Implícita nesta crítica está a suposição de que os pentecostais são movidos pela emoção e, ao invés, precisam gastar mais tempo estudando a Palavra.

Este julgamento, eu sugeriria, desconsidera algo importante. Como observamos, os pentecostais sempre foram "pessoas do livro" e comprometidos com a Bíblia. Na verdade, as origens do movimento pentecostal podem ser rastreadas até uma escola bíblica e um estudo sério das Escrituras. A experiência pentecostal flui do desejo de abraçar o registro bíblico e encontrar Deus em Cristo por meio do Espírito Santo, como fez a igreja apostólica[286]. De fato, uma abordagem pentecostal da Bíblia pode ser resumida por uma simples frase: "suas histórias são

---

multifacetada" (p. 1).

[286] Como observa Keith Warrington, a teologia pentecostal é, em sua essência, uma teologia do encontro. Veja Warrington, *Pentecostal Theology: A Theology of Encounter*, 21.

nossas histórias"[287]. Essa abordagem permitiu ao movimento pentecostal, pelo menos nos tempos modernos, reunir ênfase na experiência e um compromisso com a autoridade da Bíblia. Em vez de competir entre si, a maioria dos pentecostais vê esses dois temas como complementares.

Essa combinação de um desejo por uma experiência apostólica autêntica com um compromisso com a Bíblia marcou de maneira única o movimento pentecostal. Tem encorajado os participantes a reexaminar o Novo Testamento, e particularmente o livro de Atos, na tentativa de recuperar o chamado e a experiência da igreja apostólica. Esta abordagem, eu sugeriria, levou a novas e importantes percepções sobre a perspectiva teológica de Lucas e seu propósito missiológico. Acredito que essas percepções têm implicações profundas para a vida da igreja.

Neste capítulo, então, argumentarei que os pentecostais têm uma importante contribuição teológica a dar ao mundo mais amplo da igreja e que essa contribuição impacta diretamente um tema de grande importância para todos os cristãos: a contribuição do Espírito Santo para a formação espiritual. Espero realizar essa tarefa delineando primeiro o que descreveria como uma contribuição exclusivamente pentecostal para a formação espiritual. Então, vou argumentar que esta contribuição está enraizada em uma leitura de Lucas-Atos que capta bem a intenção de Lucas.

ESPIRITUALIDADE MISSIONAL

A experiência e a práxis do movimento são moldadas, em grande medida, pelas histórias contidas no livro de Atos. Os textos

---

[287] Ver Menzies, *Pentecost*, especialmente o capítulo 1.

centrais que os pentecostais de todo o mundo memorizam e apresentam são: o de Atos 1.8, "Mas vocês receberão poder, ao descer sobre vocês o Espírito Santo, e serão minhas testemunhas tanto em Jerusalém como em toda a Judeia e Samaria e até os confins da terra', e o de Atos 2.4, "Todos ficaram cheios do Espírito Santo e começaram a falar em outras línguas, segundo o Espírito lhes concedia que falassem". Esses textos e as histórias relacionadas de ousados esforços missionários que se seguem no livro de Atos fornecem os modelos para a nossa compreensão do batismo no Espírito. Eles moldam a experiência pentecostal e orientam nossa missão. Dentro da família cristã mais ampla, essa ênfase é única e dá ao movimento pentecostal um ethos profundamente missionário. Esta é, na minha opinião, uma das principais razões pelas quais as igrejas pentecostais ao redor do mundo cresceram a uma taxa tão surpreendente. É certamente uma razão central pela qual dezenas de missionários, a maioria com escasso apoio financeiro, deixaram o Avivamento da Rua Azusa e viajaram para diversos pontos do globo para proclamar a fé "apostólica". Sugeriria que é também por isso que os pentecostais de hoje compartilham constantemente sua fé com outras pessoas. O testemunho corajoso de Jesus é reconhecido como nosso chamado principal e o propósito central de nossa experiência do poder do Espírito. As missões estão inseridas no tecido do nosso DNA.

Essa perspectiva, essa ênfase missiológica adquirida em Lucas-Atos, é exclusiva dos pentecostais. Enquanto destacaram os escritos de Lucas e o livro de Atos, outras igrejas protestantes destacaram as epístolas paulinas. As grandes verdades da Reforma foram amplamente extraídas de Romanos e Gálatas e dos escritos de Paulo. O clamor "justificação pela fé" invoca Paulo. Portanto, seguindo os passos de Lutero e Calvino, as igrejas protestantes apresentam as epístolas paulinas. Esta ênfase paulina tem, em grande medida, moldado o movimento evangélico.

Já observamos como os evangélicos do século passado reagiram exageradamente aos estudos liberais que desafiavam a confiabilidade histórica dos escritos de Lucas[288]. Eles sustentavam que Lucas e os outros escritores dos Evangelhos eram historiadores, não teólogos. Mesmo hoje, os evangélicos relutam em falar do propósito teológico de Lucas e de sua narrativa[289]. Claro, essa abordagem estabelece um cânone dentro do cânone ao elevar as epístolas de Paulo a um lugar de primazia. Os evangélicos têm, à sua maneira, destacado o chamado missionário. Normalmente, isso veio por meio da Grande Comissão em Mateus 28.18-20. Este texto talvez tenha sido mais aceitável para os evangélicos do que o material de comissionamento em Atos, uma vez que aqui Jesus é aquele que tem "toda autoridade" e não há comissão aberta para seus discípulos operarem "sinais e prodígios". No entanto, mesmo aqui, as tensões persistem. Esta comissão é válida para todos na igreja? E como a autoridade de Jesus se relaciona com os discípulos que ele envia? Aqui, a leitura pentecostal de Atos fornece respostas claras e prontas. Com base em sua leitura de Atos, os pentecostais afirmam que todo discípulo é chamado e capacitado; e todo discípulo é encorajado a esperar que "sinais e prodígios" acompanhem

---

[288] Ver Menzies e Menzies, *No poder do Espírito*, Natal: Editora Carisma, 49-61.

[289] Por exemplo, Anthony Thiselton questiona repetidamente a sabedoria daqueles que "desejam abrir uma cunha entre Lucas e Paulo" e afirma categoricamente: "Lucas e Paulo não estão em pé de igualdade". Thiselton justifica esta última declaração insistindo que permanece incerto se Lucas pretendia oferecer instrução para a igreja, um projeto para os cristãos posteriores, com seus escritos. Veja Thiselton, *Holy Spirit*, 490 e 496 para as citações citadas acima.

seu testemunho. Os evangélicos tendem a ser, na melhor das hipóteses, menos claros sobre esses assuntos.

Mais recentemente, os evangélicos da terceira onda destacaram o papel dos dons espirituais no evangelismo[290]. Mas, como já salientei em outro lugar, essa perspectiva, enraizada como está na linguagem dos dons de Paulo, falha em oferecer uma base lógica sólida para um alto senso de expectativa com respeito à capacitação divina[291]. Quando se trata de dons espirituais, a atitude de muitos é bastante passiva: "Talvez o testemunho verbal não seja nosso dom". O que está faltando aqui é uma promessa clara de capacitação que se estende a todos os crentes. Os pentecostais encontram isso na narrativa de Atos (At 1.8; 2.19). Além disso, Lucas destaca mais do que simplesmente "sinais e prodígios". Sua narrativa também está repleta de exemplos de testemunho corajoso e inspirado pelo Espírito em face de oposição e perseguição (por exemplo, Lc 12.11-12; At 4.31). Este poder de perseverança é um foco indiscutível na narrativa lucana e tem sido central para as missões pentecostais também. Aqui, novamente, precisamos ouvir a contribuição única de Lucas.

Não desejo minimizar de forma alguma a importância das grandes verdades doutrinárias dos escritos de Paulo. Apenas saliento que, uma vez que o apóstolo estava, na maior parte, atendendo a necessidades específicas em várias igrejas, seus escritos tendem a apresentar a vida interior da comunidade cristã. Seus escritos, com algumas exceções significativas, não enfocam a missão da igreja para o mundo. Assim, por

---

[290] Ver, por exemplo, Wimber e Springer, *Power Evangelism*.
[291] Menzies and Menzies, *No poder do Espírito*, 151-69.

exemplo, Paulo tem muito a dizer sobre os dons espirituais e como eles devem ser exercidos na adoração comunitária (1Co 12-14); no entanto, ele é relativamente silencioso quando se trata do derramamento Pentecostal do Espírito. É provavelmente justo dizer que, enquanto o apóstolo apresenta a obra "interior" do Espírito (por exemplo, o fruto do Espírito, Gl 5.22-23), Lucas apresenta as significativas contribuições do mesmo Espírito[292]. Assim, ao se apropriarem de uma maneira única das contribuições significativas de Lucas-Atos, os pentecostais desenvolveram uma piedade com um impulso exclusivamente externo ou missiológico. A espiritualidade pentecostal é espiritualidade missional.

Essa ênfase missiológica e lucana, transmitida em grande parte pelas histórias do livro de Atos, também aponta para uma diferença significativa que distingue o movimento pentecostal do movimento carismático. Enquanto o primeiro, desde o início, tem sido um movimento missionário, o último tem sido em grande parte um movimento de renovação espiritual dentro das igrejas tradicionais existentes. Aqui, os nomes são instrutivos. O termo "Pentecostal" nos aponta para o Pentecostes e o chamado missionário e o poder que é dado à igreja (At 1–2). O termo "carismático", em contraste, aponta para os dons espirituais que servem para edificar a igreja, particularmente quando ela se reúne para o culto corporativo (1Co 12–14). Ambos os movimentos abençoaram a igreja em geral e trouxeram novas percepções e a tão necessária energia espiritual. No entanto, o legado missiológico do movimento pentecostal é notável. O mesmo não pode ser dito para o movimento carismático.

---

[292] Para mais informações sobre a relação entre a perspectiva de Lucas sobre a obra do Espírito e a de Paulo, ver Menzies, "*Subsequence*", 342-63.

Nossa apropriação única de Lucas-Atos não apenas distingue os pentecostais de nossos irmãos e irmãs evangélicos e carismáticos, mas também destaca uma diferença significativa que nos separa da ala liberal da igreja protestante. Deve-se notar que muitos liberais, ao contrário de seus colegas evangélicos, deram mais atenção aos Evangelhos, e particularmente a Jesus, do que a Paulo. Na verdade, alguns liberais chegam a afirmar que Paulo distorceu ou obscureceu os ensinos "puros" de Jesus. Pareceria, pelo menos com esta ênfase nas narrativas do Evangelho, que os liberais e pentecostais podem encontrar algum terreno comum. Mas, aqui novamente, encontramos uma grande diferença. Considerando que os liberais procuram entender Jesus à luz de uma erudição crítica que descarta a possibilidade do milagroso, por seu lado os pentecostais, sem hesitação, abraçam o Jesus que opera milagres do Novo Testamento, que é totalmente humano e divino. A diferença é profunda. Um tem uma fé apostólica para proclamar. O outro fica com poucos chavões, embora piedosos. Novamente, não é difícil ver por que um é um movimento missionário e o outro não.

Tudo isso sugere que os pentecostais, com sua abordagem simples do livro de Atos ("suas histórias são as nossas"), destacou de forma única um aspecto importante da obra do Espírito Santo e do discipulado cristão. Afirmam que todo cristão é chamado e capacitado (pelo menos potencialmente) para ser ousado, uma testemunha inspirada pelo Espírito de Jesus. Como Pedro declarou em seu sermão no Dia de Pentecostes, a igreja não é nada menos do que uma comunidade de profetas do tempo do fim. Assim, numa perspectiva pentecostal, não se pode separar missões de discipulado ou testemunho ousado do caráter cristão. O chamado vem a cada crente e a capacitação do Espírito é prometida a todos.

ESPIRITUALIDADE MISSIONAL E PROPÓSITO DE LUCAS

Tudo isso parece muito inspirador, mas uma pergunta precisa ser feita: É realmente esta a mensagem que Lucas pretendia comunicar? Como ele esperava que sua história fosse lida? Como observamos, muitos cristãos não leem Lucas-Atos dessa maneira. Os evangélicos não pentecostais geralmente sustentam que Lucas escreveu para fornecer um relato histórico dos primórdios da igreja, para que os leitores subsequentes possam ter um relato preciso da mensagem do evangelho e ter certeza da base histórica sobre a qual ela se sustenta. Até agora tudo bem; mas há mais. Esses evangélicos também insistem que, uma vez que a narrativa histórica de Lucas trata de uma era única na vida da igreja, deve-se entender que os eventos que ele descreve não são apresentados como modelos para a práxis missionária das gerações subsequentes de cristãos[293]. Em suma, os evangélicos em geral supõem que esse historiador escreveu para fornecer à Igreja sua mensagem, não seus métodos[294]. Como um jovem estudante, fiquei intrigado com essas declarações. Em que sentido o Pentecostes é único? Qualquer

---

[293] Ver, por exemplo, Witherington, *Acts*, 132; Bock, *Acts*, 108-39 (cf. Bock, *Luke* 9.51-24.53, 189-90); e Hacking, *Signs and Wonders*, 251–58. Witherington destaca a natureza "única" do Pentecostes. Bock também falha em desenvolver as implicações teológicas de Atos 1-2 para a práxis missionária da igreja contemporânea (veja minha revisão do comentário de Atos de Bock em Pneuma 30 [2008] 349-50). Hacking argumenta que os milagres de Jesus e dos apóstolos não tinham a intenção de servir como modelos para a igreja pós-apostólica e que os relatos de comissionamento são relevantes apenas para alguns selecionados (veja minha revisão do livro de Hacking em EQ 79 [2007] 261- 65).

[294] Dunn, *Baptism in the Holy Spirit*, 53: "O Pentecostes nunca pode ser repetido – pois a nova era está aqui e não pode ser introduzida novamente."

evento na história não pode ser repetido, mas muitos eventos na narrativa de Atos são claramente apresentados como modelos para a igreja de Lucas. São registrados por ele justamente para que se repitam na vida de seus leitores. Por que os estudiosos evangélicos insistem que o Pentecostes é único e irrepetível? A resposta deles está conectada à sua visão do propósito lucano.

Embora reconheça que Lucas ressalta a confiabilidade do testemunho apostólico e a natureza notável das origens do movimento cristão, seus propósitos vão além disso, além de simplesmente "confirmar o evangelho"[295]. A narrativa lucana é muito mais do que uma revisão nostálgica de como tudo começou. Para ele, a história não termina com os apóstolos e seu testemunho. A história continua, como o final de Atos antecipa, com os leitores assumindo o manto do ministério modelado por Jesus e seus discípulos. Lucas narra a história de Jesus e da igreja primitiva para desafiar sua igreja (e todas as igrejas "nestes últimos dias") a assumir seu chamado profético, ouvindo a voz do Espírito e dando testemunho corajoso de Jesus. A obra lucana em dois volumes é um manifesto missionário. Por meio dela, ele procura lembrar seus leitores cristãos de sua verdadeira identidade – eles são uma comunidade de profetas chamados a ser uma "luz para as nações" – e encorajá-los, mesmo quando enfrentam oposição e perseguição[296], a ouvir a voz do Espírito e, pelo seu poder, dar testemunho de Jesus. Claro, Lucas con-

---

Observe também Witherington, *Acts*, 132: "[o Pentecostes]... fundamentalmente, é único".

[295] Maddox, *Purpose of Luke-Acts*. Maddox argumenta que Lucas escreve para reassegurar à sua igreja, em grande parte gentia, a confiabilidade do evangelho, apesar da hostilidade e rejeição judaicas.

[296] Mittelstadt, *Spirit and Suffering*, e Cunningham, *Persecution*, argumentam convincentemente que Lucas escreveu para uma igreja que estava

segue isso fornecendo vários modelos: acima de tudo, Jesus, mas também outros modelos, como Pedro, Estevão, Filipe e Paulo. Com grande habilidade literária e talento artístico, ele fornece aos seus futuros leitores, os perseguidos cristãos de sua igreja, orientação teológica e metodológica para sua missão[297].

Se este resumo do propósito de Lucas (ou, pelo menos um de seus propósitos) está correto, então os pentecostais leem corretamente Lucas-Atos. Eles leem sua narrativa como o autor esperava que seus leitores o fizessem: fornecendo modelos para vida e ação, modelos para a missão a que todo crente é chamado abraçar[298]. Neste capítulo, gostaria de me concentrar em um texto que acredito oferece um apoio considerável para esta leitura pentecostal de Lucas-Atos. É um texto clássico que nos chama de volta à espiritualidade missional da igreja apostólica: Atos 2.17-21.

O PENTECOSTES COMO UM PARADIGMA (AT 2.17-21)

Todo estudioso do Novo Testamento que se preze vai dizer que Lucas 4.16-30, o dramático sermão de Jesus em Nazaré, é

---

sofrendo perseguição. Veja especialmente Cunningham, *Persecution*, 328-36.

[297] Eu concordo com Karris, que postula que Lucas escreveu logo após a destruição de Jerusalém e seu templo (por volta de 75 d.C.) e que ele escreveu para "comunidades cujo trabalho missionário e existência diária estão sujeitos a perigo e sofrimento – tanto de judeus como Gentios, mas principalmente das autoridades das sinagogas judaicas" (Karris, *Missionary Communities*", 96). Para argumentos de apoio, veja também Menzies, *"Persecuted Prophets"*, 52-70.

[298] Green, "Learning Theological Interpretation of Luke", 66: "Os leitores-modelo de Lucas vão abraçar esta narrativa como se fossem suas e procurar continuá-la em suas vidas".

paradigmático para o Evangelho de Lucas. Todos os principais temas que aparecerão no Evangelho são prefigurados aqui: a obra do Espírito; a universalidade do evangelho; a graça de Deus; e a rejeição a Cristo. E este é o único ponto significativo onde a cronologia do Evangelho de Lucas difere do Evangelho de Marcos. Aqui, ele pega um evento do meio do ministério de Jesus e o apresenta para inaugurar o ministério do Senhor. Lucas faz isso porque entende que este evento, particularmente a recitação de Isaías 61.1-2 por Jesus e sua declaração de que esta profecia está agora sendo cumprida em seu ministério, fornece informações importantes sobre a natureza de Cristo e sua missão. Esta passagem, então, nos fornece um modelo para o ministério subsequente de Jesus.

É interessante notar que Lucas fornece um tipo semelhante de introdução paradigmática para seu segundo volume, o livro de Atos. Após a vinda do Espírito no Pentecostes, Pedro profere um sermão (At 2.14-41) que em muitos aspectos se assemelha ao de Jesus em Lucas 4. Em seu sermão, Pedro também se refere a uma profecia do Antigo Testamento sobre a vinda do Espírito, desta vez Joel 2.28-32, e declara que esta profecia também está sendo cumprida (At 2.17-21). A mensagem é clara: assim como Jesus foi ungido pelo Espírito para cumprir sua vocação profética, também os discípulos de Jesus foram ungidos como profetas do tempo do fim para proclamar a palavra de Deus. O texto de Joel 2.28-32 que é citado aqui, como a passagem paradigmática em Lucas 4, também mostra sinais de edição cuidadosa por parte de Lucas.

O texto de Atos 2.17-21 nos diz:

"*E acontecerá nos últimos dias, diz Deus* [na profecia de Joel: "depois dessas coisas"], que derramarei o meu Espírito sobre toda a humanidade. Os filhos e as filhas de vocês profetizarão, *os seus jovens terão visões, e os seus velhos sonharão* [em Joel essas linhas estão invertidas]. *Até sobre os meus servos e sobre as minhas servas* [adições à profecia de Joel] derramarei o meu Espírito naqueles dias, *e profetizarão*. Mostrarei prodígios *em cima* no céu e *sinais embaixo* na terra: sangue, fogo e nuvens de fumaça. O sol se transformará em trevas, e a lua, em sangue, antes que venha o grande e glorioso Dia do Senhor. E acontecerá que todo aquele que invocar o nome do Senhor será salvo" [em *itálico* alterações de Lucas do texto de Joel 2.28-32].

Lucas cuidadosamente molda essa citação da LXX a fim de destacar temas teológicos importantes.

Três modificações são particularmente impressionantes:

Primeiro, no versículo 17, Lucas altera a ordem das duas linhas que se referem a jovens tendo visões e velhos sonhando. Em Joel, os velhos que têm sonhos vêm em primeiro lugar. Mas Lucas inverte a ordem: "Os teus jovens terão visões, os teus velhos terão sonhos" (At 2.17). Ele reorganiza essas duas linhas tiradas de Joel de modo que a referência a "visões" preceda o comentário sobre "sonhos". Uma pesquisa de Atos revela que essa alteração não é simplesmente uma mudança estilística insignificante. Isso não é apenas um capricho ou deslize. Pelo contrário, essa mudança sutil é intencional. Lucas dá a referência às "visões" com lugar de destaque para enfatizar sua importância. Com essa modificação da LXX, ele destaca um tema que considera de vital importância e que é recorrente ao longo de sua narrativa[299].

Uma pesquisa dos termos-chave é instrutiva. Primeiro, descobrimos que os termos associados a sonhos e a sonhar ocorrem apenas aqui no livro de Atos. O termo traduzido como "sonhará" é um futuro passivo de ἐνυπνιάζω. Este verbo em todo o Novo Testamento ocorre apenas aqui e em Judas 8. O substantivo, ἐνύπνιον ("sonho"), não é encontrado em nenhum outro lugar em Atos ou no resto do Novo Testamento. Claramente, Lucas não gosta muito de sonhar[300].

No entanto, ele gosta muito de contar histórias que fazem referência à orientação por meio de "visões". À primeira vista, pode não ser o caso. O substantivo traduzido como "visões" no versículo 17, ὅρασις, ocorre quatro vezes no Novo Testamento e apenas aqui em Atos. As outras três ocorrências são encontradas no livro do Apocalipse. Mas as aparências costumam ser enganosas e este é o caso aqui. Lucas usa outro termo, um primo próximo de ὅρασις, o substantivo neutro, ὅραμα, frequentemente e em pontos decisivos de sua narrativa para se referir a "visões". O substantivo ὅραμα ocorre doze vezes no Novo Testamento e onze dessas ocorrências são encontradas no livro de Atos[301]. Lucas é, de fato, apaixonado por visões. Embora em Atos 2.17 ele retenha a linguagem da LXX (ὅρασις), em outra

---

[299] Este insight sobre o uso especial de Luke da palavra "visão" foi inspirado por uma conversa com o Dr. David Yonggi Cho durante minha visita a Seul em 2007.

[300] Observe como Lucas descreve as experiências reveladoras à noite, que podem ter ocorrido durante o sono, como "visões" e não "sonhos" (por exemplo, Atos 16. 9-10).

[301] Atos 7.31; 9.10, 12; 10.3, 17, 19; 11.5; 12. 9; 16.9-10; 18.9; e também em Mateus 17.9.

parte de sua narrativa ele emprega seu termo preferido, muito semelhante (ὅραμα), para falar de "visões".

As referências a visões não são abundantes apenas na narrativa lucana, mas também vêm em momentos estratégicos[302]. Assim, a alteração de Lucas neste ponto parece ser teologicamente motivada. Obviamente, as visões não são a única maneira pela qual Deus guia a igreja no livro de Atos. No entanto, o ponto difícil de ignorar é: ao ligar as "visões" da profecia de Joel (At 2.17) com as visões da igreja primitiva, Lucas está na verdade dizendo que "nestes últimos dias" – o período inaugurado com o nascimento Jesus e a preparação para o Dia do Senhor – a missão da igreja deve ser dirigida por Deus, que guiará seus profetas do tempo do fim de especial e pessoal modo, incluindo visões, visitações angelicais e a inspiração do Espírito, para que possamos cumprir nosso chamado de levar o evangelho até "os confins da terra". Em suma, para ele, a experiência da igreja primitiva, uma igreja sobrenaturalmente dirigida por Deus, serve de modelo para sua igreja (e também para a nossa).

Em segundo lugar, com a adição de algumas palavras no versículo 19, Lucas transforma o texto de Joel para que seja lido como "Mostrarei prodígios em cima no céu e sinais embaixo na terra". Dessa forma, ele relaciona conscientemente os milagres associados a Jesus (observe o primeiro versículo que segue a citação de Joel: "Jesus, o Nazareno, homem aprovado por Deus diante de vocês com milagres, prodígios e sinais" (At 2.22), e a igreja primitiva (por exemplo, 2.43), junto com os presságios cósmicos listados por Joel (At 2.19-20). Todos são "sinais e prodígios" que marcam o fim dos tempos. Para ele, "estes últimos

---

[302] Para o papel estratégico das visões na narrativa de Atos, veja: Atos 9.10-12; 10.3, 17, 19; 11.5; 16.9-10; 18.9-10.

dias" – lembre-se, a igreja de Lucas e a nossa estão firmemente enraizadas neste período – representam uma época marcada por "sinais e prodígios". Lucas, então, não está apenas ciente do papel significativo que os milagres desempenharam no crescimento da igreja primitiva, ele também antecipa que esses "sinais e prodígios" continuarão a caracterizar o ministério da igreja para a qual ele escreve.

Terceiro e mais importante para nossos propósitos, Lucas insere a frase, "e profetizarão", na citação no versículo 18. Esta inserção simplesmente ressalta o que já está presente no texto de Joel. O versículo anterior já nos lembrou que este derramamento do Espírito no tempo do fim, do qual Joel profetiza, é nada menos do que um cumprimento do desejo de Moisés de "que todo o povo do Senhor fosse profeta" (Nm 11.29). Atos 2.17 cita Joel 2.28 literalmente: "derramarei o meu Espírito sobre toda a humanidade. Os filhos e as filhas de vocês profetizarão". Agora, no versículo 18, Lucas ecoa esse refrão. Ele destaca o fato de que o Espírito vem como fonte de inspiração profética porque esse tema vai dominar sua narrativa. É uma mensagem que ele não quer que seus leitores percam. A igreja "nestes últimos dias", declara Lucas, deve ser uma comunidade de profetas – profetas chamados para levar a mensagem de "salvação até os confins da terra" (Is 49. 6). E agora ele lembra seus leitores que eles também receberam a promessa de poder para cumprir esse chamado. O Espírito virá e capacitará sua igreja – a de Lucas e a nossa – a ter ousadia no testemunho de Jesus em face da oposição e perseguição.

Este tema de testemunho ousado e profético é antecipado no Evangelho de Lucas. Jesus é ungido com o Espírito para que possa "evangelizar os pobres", para que possa proclamar libertação aos cativos" e "proclamar o ano aceitável do Senhor." (Lc

4.18-19). Os paralelos entre a experiência de Jesus no Jordão e dos discípulos no Pentecostes são impressionantes e não devem ser perdidos. Ambos ocorrem no início das respectivas missões de Jesus e da igreja primitiva, ambos centrados na vinda do Espírito, ambos são descritos como uma unção profética no contexto de um sermão que cita uma profecia do Antigo Testamento. Por meio de sua configuração cuidadosa da narrativa, Lucas apresenta Jesus, o profeta final, como um modelo para todos os seus seguidores, do Pentecostes em diante. A igreja de Lucas tem uma missão a cumprir, uma mensagem a proclamar.

Esse motivo de testemunho ousado e inspirado pelo Espírito também é destacado no ensino de Jesus. O historiador prenuncia os eventos que se seguirão em seu segundo volume, relatando a importante promessa de Jesus registrada em Lucas 12.11-12: "Quando levarem vocês às sinagogas ou à presença de governadores e autoridades, não se preocupem quanto à maneira como irão responder, nem quanto às coisas que tiverem de falar. Porque o Espírito Santo lhes ensinará, naquela mesma hora, as coisas que vocês devem dizer".

Imediatamente após o Pentecostes, na primeira história que Lucas narra, começamos a ver quão relevante e importante é esta promessa de Jesus para a missão da igreja. Ele descreve a dramática história do encontro de Pedro e João com um mendigo coxo e sua milagrosa cura. Uma grande multidão se junta, boquiaberta com este evento maravilhoso. A história chega ao clímax quando os líderes judeus prendem ambos por pregar sobre a ressurreição de Jesus. "Vocês mataram o Autor da vida", declara Pedro, a quem "Deus ressuscitou dentre os mortos, do que nós somos testemunhas" (At 3.15). Os líderes judeus, contrariados com esta reviravolta nos acontecimentos, entram e prendem os dois. Depois de passar a noite na prisão, eles são chamados perante os líderes e questionados. Pedro é cheio do Espírito Santo e começa a dar testemunho ousado de Jesus (At 4.8). A coragem de ambos é tão impressionante que deixa os líderes judeus surpresos e maravilhados. Finalmente, após deliberações, os líderes ordenaram aos apóstolos que parassem de pregar sobre Jesus. Mas eles respondem com incrível ousadia. Declaram: "Os senhores mesmos julguem se é justo diante de Deus ouvirmos antes aos senhores do que a Deus; pois nós não podemos deixar de falar das coisas que vimos e ouvimos" (At 4.19-20)

Este é apenas o começo da perseguição que os profetas do tempo do fim devem enfrentar. Muito em breve os apóstolos serão novamente presos. Os líderes judeus interrogam os apóstolos e declaram furiosamente: "Não é verdade que ordenamos expressamente que vocês não ensinassem nesse nome? No entanto, vocês encheram Jerusalém com a doutrina de vocês" (At 5.28). Pedro e os apóstolos incorreram na ira de seus oponentes quando declararam: "É mais importante obedecer a Deus do que aos homens. O Deus de nossos pais ressuscitou Jesus... e nós somos testemunhas destes fatos – nós e o Espírito Santo" (At 5.29-32). Os apóstolos são açoitados e avisados para não falarem sobre Jesus. Mas as torturas não surtiram o efeito desejado. Eles se regozijam por terem sido "considerados dignos de sofrimento" por Jesus e continuam a proclamar "as boas novas de que Jesus é o Messias" (At 5.41-42).

A perseguição se intensifica. O que começou com advertências em Atos 4 e levou a espancamentos em Atos 5, agora se estende ao martírio de Estêvão em Atos 7. Assim como os apóstolos foram fortalecidos pelo Espírito para dar testemunho ousado de Jesus, também o testemunho de Estêvão até a morte é inspirado pelo Espírito (At 6.10). No meio de seu sermão para seus perseguidores registrado em Atos 7, Estêvão declara: "vocês sempre resistem ao Espírito Santo... Qual dos profetas os pais de vocês não perseguiram?" (At 7.51-52). A poderosa ironia não deve ser perdida, pois esta mesma multidão se move para matar Estêvão, um homem "cheio do Espírito Santo" (At 7.55)[303]. O testemunho de outro profeta é rejeitado.

Esse padrão de testemunho ousado e inspirado pelo Espírito em face da oposição continua com Paulo, o personagem dominante na última parte de Atos. Ele é escolhido pelo Senhor para levar o Evangelho aos gentios. Dizem que sua jornada não será fácil. O Senhor, falando com Ananias, declara: "Pois eu mesmo vou mostrar a ele quanto deve sofrer pelo meu nome" (At 9.16). E ele sofre. No entanto, em face da incansável oposição, Paulo é guiado e fortalecido pelo Espírito Santo. Uma trilha de igrejas cheias de crentes que adoram a Jesus é deixada em seu rastro. A narrativa de Atos termina com Paulo na prisão em Roma, onde ele "ousadamente e sem impedimentos" pregou sobre Jesus (At 28.31).

O motivo de Lucas em apresentar esses modelos de ministério inspirado pelo Espírito – Pedro, João, Estêvão e Paulo, para citar alguns – não deve ser esquecido. Ele tem mais em mente do que simplesmente declarar à sua igreja: "Foi assim que tudo começou!". Certamente, Lucas destaca a confiabilidade do testemunho apostólico da ressurreição de Jesus. E ele quer ter certeza de que estamos todos esclarecidos sobre sua mensagem, que deve ser transmitida de geração em geração,

---

[303] Karris observa que em Atos 7.55-56 as promessas de Lucas 6.22-23 e 12.8 são cumpridas e conclui: "Lucas 6.22-23 e 12.8 se destinam à edificação dos leitores perseguidos e atormentados" (Karris, *Missionary Communities*, 95).

grupo de pessoas para grupo de pessoas, até que se alcance "os confins da terra". No entanto, Lucas também narra o ministério desses profetas do tempo do fim porque os vê como modelos importantes de práxis missionária que sua igreja precisa imitar. Esses personagens em Atos demonstram o que realmente significa ser parte do grupo profético de Joel para o tempo do fim e, assim, desafiam os leitores lucanos a cumprir seu chamado de ser uma luz para as nações[304]. Ao enfrentarem oposição por confiar no Espírito Santo, que os capacita a dar testemunho corajoso de Jesus, não importa o custo, esses profetas do tempo do fim convocam a igreja de Lucas para seguir corajosamente o caminho percorrido por nosso Senhor.

CONCLUSÃO

Esta análise de Atos 2.17-21, eu sugeriria, lança uma luz significativa sobre o propósito maior de Lucas. Ele é um missiologista e com sua obra em dois volumes produziu um manifesto para a missão cristã[305]. Por meio disso, Lucas procura lembrar seus leitores de sua verdadeira identidade – eles são uma comunidade de profetas chamados a ser uma "luz para as nações". Também busca encorajar esses cristãos, mesmo quando enfrentam oposição e perseguição, a ouvir a voz do Espírito e, por meio de seu poder, dar testemunho corajoso de Jesus. Lucas cumpre esses objetivos fornecendo vários modelos: acima de tudo, Jesus, mas também outros modelos como os Doze, os Setenta, Estêvão,

---

[304] Esta conclusão é apoiada pelo estudo perspicaz de Stronstad, *Teologia lucana sob exame.*Natal: Editora Carisma, 2018.

[305] Matson, *Household Conversion Narratives in Acts*, 184: "Lucas é um missiologista."

Filipe e Paulo. Com grande habilidade literária, ele fornece aos seus futuros leitores, os perseguidos cristãos de sua igreja, encorajamento e orientação para sua missão.

Essa conclusão também indica que os pentecostais, com sua abordagem narrativa simples de Atos – "suas histórias são as nossas histórias" – realmente leem corretamente Lucas-Atos. Eles leram a narrativa lucana como Lucas esperava que fizessem: fornecendo modelos para a vida e a ação, modelos para a missão que todo crente é chamado a abraçar. Esta abordagem permitiu que os pentecostais destacassem de modo único um aspecto importante da obra do Espírito Santo e da espiritualidade cristã. O movimento afirma que todo cristão foi chamado e que lhe foi prometido o poder necessário para se tornar ousado testemunho inspirado pelo Espírito de Jesus. A igreja é nada menos do que uma comunidade de profetas do tempo do fim. Ao se apropriar da mensagem dinâmica de Lucas, os pentecostais desenvolveram uma piedade com um impulso exclusivamente externo. Esta é a espiritualidade missional e ela flui da igreja apostólica.

Parte IV

Teologia Pentecostal

Seu Futuro Evangélico

Capítulo 7

A Natureza Da Teologia Pentecostal
Uma resposta a Kärkkäinen e Yong

Meu primeiro encontro com os escritos de Veli-Matti Kärkkäinen e Amos Yong ocorreu em 2003. Como coeditor do *Festschrift The Spirit and Spirituality*, em homenagem a Russel Spittler, li suas contribuições bem escritas para este volume[306]. Naquela época, lembro-me de ter ficado impressionado com seus dons intelectuais e habilidades literárias. Esta impressão inicial foi certamente muito apropriada. Esses dois estudiosos estiveram entre os teólogos mais prolíficos da última década. Apenas listar sua produção literária ocuparia mais espaço do que planejei para este breve capítulo. Nos círculos teológicos, Kärkkäinen e Yong se tornaram nomes familiares, e isso é particularmente verdade entre os pentecostais. Tanto

---

[306] Ma e Menzies, *Spirit and Spirituality*.

Kärkkäinen quanto Yong cresceram em igrejas pentecostais e escrevem de um ponto de vista pentecostal ou, talvez melhor (como devo reconhecer), pneumatológico. Atualmente, os dois ensinam no Fuller Theological Seminary, localizado em Pasadena, Califórnia, nos Estados Unidos.

Este breve capítulo é uma resposta ao ensaio de Kärkkäinen, *"Pentecostal Pneumatology of Religions: The Contribution of Pentecostalism to Our Understanding of the Work of God's Spirit in the World"*, que apareceu em uma coleção de ensaios de vários autores intitulada, *The Spirit in the World*[307]. Decidi responder a este ensaio porque, em um curto espaço, ele aborda três questões de importância crucial para a teologia pentecostal e, de fato, para o movimento. Essas questões são: (1) identidade pentecostal; (2) o locus de autoridade para a reflexão teológica; e (3) uma abordagem pentecostal sobre outras religiões. No entanto, a fim de colocar nossa discussão dessas questões importantes em seu contexto adequado, vou primeiro resumir as características evidentes neste capítulo de Kärkkäinen.

RESUMO

Neste ensaio, Kärkkäinen começa desenhando com traços amplos uma visão geral do estado atual da pneumatologia na teologia contemporânea. Dá atenção especial às contribuições ou características que marcam o trabalho dos teólogos ligados às chamadas igrejas tradicionais ou ecumênicos. De acordo com Kärkkäinen, o ponto chave a ser observado é que a reflexão contemporânea busca compreender o papel do Espírito de

---

[307] Kärkkäinen, *Spirit in the World*, Grand Rapids: Eerdmans, 2009, 155-80.

forma mais ampla, não apenas como fonte de vida espiritual, mas também como um catalisador para desenvolvimentos positivos na política, sociedade, meio ambiente e ciência[308]. Além disso, os teólogos contemporâneos procuram relacionar a obra do Espírito a contextos específicos, se esses contextos são entendidos em termos de economia (os pobres e marginalizados), gênero (mulheres) ou cultura (por exemplo, África, Ásia, América Latina). Finalmente, Kärkkäinen observa que "a teologia contemporânea inclui um entusiasmo em relacionar o Espírito de Deus a outras religiões" e ele cita Yong com aprovação quando diz que "podemos falar sobre de um 'voltar-se para o Espírito' na teologia cristã das religiões"[309].

Kärkkäinen então considera a forma da teologia pentecostal. Ele começa com a advertência onipresente de que, devido à diversidade cultural e teológica dentro do movimento, realmente precisamos falar de pentecostalismos (no plural) ao invés de pentecostalismo, um grupo unificado. No entanto, após esta palavra de cautela, ele passa a delinear o que percebe como sendo características centrais de uma pneumatologia pentecostal. A característica mais fundamental de uma abordagem pentecostal para a obra do Espírito é resumida com a

---

[308] O relato otimista de Kärkkäinen pode ser equilibrado pela revisão de Peter Kuzmic de *The Spirit of Life: A Universal Affirmation de Jürgen Moltmann* (trad. M. Kohl; London: SCM Press, 1992). Kuzmic escreve: "lendo Moltmann, tive a impressão de que ele escreveu um manifesto quase pneumatológico por uma nova ordem mundial humanamente criada e inatingível. Seu otimismo implícito em relação à vontade humana e à natureza... juntamente com muitas indicações explícitas e implícitas de panteísmo, tendem a um utopismo cuja tentação mais séria é ignorar a realidade da condição humana"(Kuzmic, "Croatian War-Time Reading, "17-24, citação da p. 20).

[309] Kärkkäinen, "Pneumatology of Religions", 159 (ambas as citações).

palavra empoderamento: "Enquanto para a maioria dos outros cristãos a presença do Espírito é apenas isso, presença, para os pentecostais a presença do Espírito no meio deles implica em empoderamento[310]". Kärkkäinen observa corretamente que os pentecostais chamam de *batismo do Espírito* essa experiência inicial de empoderamento. Ele também reconhece que "a grande maioria dos pentecostais" afirma o falar em línguas como a "evidência física inicial" desta experiência[311]. Esta ênfase na obra empoderadora do Espírito Santo, extraída como é do Novo Testamento e especialmente do livro de Atos, dá ao movimento uma ênfase distintamente escatológica e missiológica: "Desde o início, os pentecostais estavam convencidos de que o derramamento do Espírito no século vinte marcava o início do retorno de Jesus Cristo para estabelecer o Reino de Deus. Nesse ínterim, com base nas promessas bíblicas como Atos 1.8, os cristãos deveriam ser empoderados pelo Espírito para levar o evangelho a todas as nações"[312].

Contra esse pano de fundo, Kärkkäinen procura comparar essa pneumatologia pentecostal clássica com a ênfase mais recente na pneumatologia encontrada na reflexão teológica dentro das chamadas denominações tradicionais[313]. Embora

---

[310] Kärkkäinen, "Pneumatology of Religions", 163.
[311] Kärkkäinen, "Pneumatology of Religions", 164.
[312] Kärkkäinen, "Pneumatology of Religions", 165-166.
[313] A expressão "denominações tradicionais" é uma tradução livre da expressão em inglês "mainline Denominations", que não tem uma correspondente tradução literal em português. Geralmente entre nós no Brasil, ao nos referirmos às igrejas evangélicas brasileiras não-pentecostais, principalmente as estabelecidas na segunda metade do século dezenove, são usadas erradamente expressões como "denominações históricas" e "denominações tradicionais", o que de certa forma expressa preconceito contra as igrejas pentecostais já que estas, depois de mais de cem anos estabelecidas no

ele veja pontos de convergência significativos – as ênfases holísticas e dinâmicas dos teólogos pertencentes a tais denominações são, de certa forma, equiparadas à afirmação pentecostal de que o Espírito está ativo e presente, pode ser experimentado e confere cura e libertação – no entanto, há uma diferença significativa. Os pentecostais, ao contrário de seus homólogos das denominações chamadas tradicionais ou históricas, relutam "em considerar o papel do Espírito em relação à ciência... política, meio ambiente, questões de igualdade e assuntos públicos semelhantes"[314].

Essa relutância em conceber a obra do Espírito de forma mais ampla se estende à questão de outras religiões e também serve como uma introdução à seção final de Kärkkäinen, que é na realidade um apelo para que os pentecostais considerem mais uma vez a possibilidade da obra do Espírito em outras religiões. Ele repreende os pentecostais por não desenvolverem uma teologia das religiões orientada pelo Espírito e sugere que o problema é nossa localização no campo do cristianismo conservador. Ele rastreia as respostas pentecostais em vários encontros ou diálogos com os católicos romanos, a tradição reformada e o CMI e observa que em cada caso os pentecostais insistem que "não pode haver salvação fora da igreja". Na verdade, "A maioria dos pentecostais limita a obra salvadora do Espírito à igreja e sua proclamação do evangelho, embora reconheçam a obra do Espírito Santo no mundo, convencendo as pessoas do

---

país, têm cada vez mais consolidadas sua história e tradição. A fim de não legitimar tal preconceito, o tradutor usa "denominações ou igrejas **chamadas** de históricas ou tradicionais". [N. do E.].

[314] Kärkkäinen, "Pneumatology of Religions", 167

pecado"[315]. No entanto, apesar da clareza desta resposta pentecostal, Kärkkäinen sugere que esta resposta é insuficiente. Ele aponta com aprovação para a para a perspectiva mais aberta e "inclusivista" de Amos Yong, que escreve:

> As religiões não são acidentes da história nem invasões da providência divina, mas são, de várias maneiras, instrumentos da Espírito Santo operando os propósitos divinos no mundo e que os não evangelizados, se salvos, são salvos por meio do trabalho de Cristo pelo Espírito (mesmo que mediado por meio das crenças religiosas e práticas disponíveis para eles)[316].

Kärkkäinen também parece bastante simpático à definição de Yong de uma teologia pentecostal das religiões, "como o esforço para compreender as experiências de fé imensamente diferenciadas e os fenômenos multifacetados de tradições religiosas e sistemas que são informados por experiências do Espírito à luz das Escrituras e vice-versa"[317]. Kärkkäinen conclui sua discussão neste ponto com uma declaração enigmática e um tanto contraditória: "Além disso, este esforço deve ser tentado sem abrir mão da prioridade do evangelismo por um lado ou, por outro lado, do compromisso à autoridade das

---

[315] Kärkkäinen, "Pneumatology of Religions", 172 (ambas as citações).
[316] Kärkkäinen, "Pneumatology of Religions", 174, citando Yong, *Spirit Poured Out on All Flesh*, 235-36.
[317] Kärkkäinen, "Pneumatology of Religions", 174, citando Yong, *Discerning the Spirit (s)*, 24.

Escrituras"³¹⁸. Isso é realmente possível? Esta é uma questão à qual retornaremos a seguir.

A conclusão de Kärkkäinen é ostensivamente uma lista de tópicos de pesquisa teológica potencialmente frutíferos para o futuro, mas na realidade parece ser um apelo bastante claro para os pentecostais se engajarem e dialogarem com os principais teólogos contemporâneos à medida que desenvolvemos uma teologia das religiões. Como observei acima, embora este artigo enfoque mais especificamente uma teologia pentecostal das religiões, na verdade ele serve para ilustrar várias questões importantes para os pentecostais à medida que buscamos ser fiéis e relevantes em nosso entendimento e aplicação das Escrituras.

IDENTIDADE PENTECOSTAL

Comecemos com a questão da identidade pentecostal. Kärkkäinen dá voz ao que nos círculos acadêmicos está se tornando um consenso aceito sem crítica: é virtualmente impossível falar coerentemente sobre a teologia pentecostal por causa de sua diversidade desconcertante. Kärkkäinen identifica uma série de desafios assustadores que tornam difícil falar de uma pneumatologia pentecostal, mas esta questão da diversidade é "sem dúvida a mais radical"³¹⁹. Ele sugere que esta diversidade tem duas dimensões: "a cultural e a teológico-ecumênica"³²⁰.

---

[318] Kärkkäinen, "Pneumatology of Religions," 174, não cita Yong literalmente aqui, mas sugere que esta conclusão é tirada de Yong, *Discerning the Spirit (s)*, 24-25.
[319] Kärkkäinen, "Pneumatology of Religions", 161.
[320] Kärkkäinen, "Pneumatology of Religions", 161.

Eu sugeriria que esta angústia sobre a ampla diversidade do movimento perde vários fatores importantes. Em primeiro lugar, embora seja verdade que o movimento pentecostal está "espalhado por muitas culturas, barreiras linguísticas e locais sociais"[321], também é possível destacar os temas teológicos centrais que animam essas igrejas pentecostais, independentemente de sua localização cultural, como Kärkkäinen mesmo faz. Embora sua descrição seja um pouco mais vaga do que eu gostaria, deve-se reconhecer que ele oferece intencionalmente uma visão geral muito breve. Forneci uma descrição mais matizada das crenças pentecostais centrais em meu livro, *Pentecost: This Story is Our Story* [*Pentecoste: essa história é a nossa história*]. Esses temas (para Kärkkäinen, um batismo poderoso no Espírito marcado por falar em línguas) são capazes de unir os pentecostais na África, Ásia e América Latina precisamente porque estão enraizados na Bíblia, e particularmente no livro de Atos. Embora a proclamação e a práxis pentecostal possam atender às necessidades sentidas em várias regiões do mundo de um modo que as antigas teologias e movimentos cristãos não o fazem, por muitas vezes estão impregnadas de uma visão moderna do mundo, isso se deve à aceitação inabalável dos pentecostais da cosmovisão bíblica e sobrenatural ao invés de uma confiança sincrética nas práticas religiosas pagãs tradicionais[322]. Pentecostais em todo o mundo aceitam o "mapa do universo" bíblico (para usar a linguagem de Obu Kalu) e

---

[321] Kärkkäinen, "Pneumatology of Religions",161.
[322] Não estou dizendo que o sincretismo não seja possível; antes, sugiro que quando uma pessoa ou igreja se envolve em práticas sincréticas antibíblicas, isso os marca como estando fora dos limites do que significa ser pentecostal.

isso ressoa as necessidades sinceras da maioria das pessoas no planeta. O capítulo perspicaz de Kalu neste mesmo livro, *The Spirit in the World*, mostra isso. Ele observa que há "uma confluência da espiritualidade e mundos materiais, [que negam] o mito do materialismo", tanto na Bíblia quanto nas religiões africanas tradicionais[323]. Kalu cita com aprovação o apelo de Philip Jenkins, que ele vê como um desenvolvimento da obra de John Mbiti e Kwame Bediako, para o mundo acadêmico prestar atenção "à centralidade e aos usos da Bíblia entre os cristãos em várias regiões do mundo"[324]. Este fato não deve ser esquecido: considerando que os teólogos das chamadas denominações tradicionais ou ecumênicos trabalham à maneira bultmanniana para desmitologizar a mensagem bíblica em uma tentativa de tornar sua mensagem mais significativa para um público contemporâneo[325], os pentecostais não foram distraídos por contradições percebidas, visões de mundo desatualizadas ou distância cultural. Simplesmente aceitamos as histórias da Bíblia como nossas histórias, modelos para nossas vidas e ministérios. O "mapa do universo" bíblico torna-se o nosso mapa, e parece que este é um mapa que pessoas de todas as culturas do planeta consideram significativo e útil. Assim, em meio à diversidade cultural, a narrativa bíblica dá coesão à mensagem

---

[323] Kalu, "Sankofa," 135-52 (citação da p. 147).
[324] Kalu, "Sankofa," 149, citando Jenkins, *New Faces of Christianity*. Observe também Mbiti, *Bible and Theology in African Christianity*.
[325] Assim, como observa Kärkkäinen, os teólogos tradicionais contemporâneos estão ansiosos para relacionar a pneumatologia com a política, o meio ambiente, questões de igualdade e outras religiões; mas, eu acrescentaria, menos interessados em destacar a obra do Espírito em capacitar a proclamação da mensagem apostólica e capacitando modelos apostólicos de ministério, que incluem "sinais e prodígios".

e à prática pentecostal. Esta importante unidade que agrega as pessoas através das culturas não deve ser minimizada.

Há outra razão pela qual muitos acadêmicos parecem cegos para a unidade teológica surpreendente que une os pentecostais em todo o mundo[326]. Este é o legado do mito de Hollenweger da natureza não teológica do movimento pentecostal. Kärkkäinen presta homenagem a este axioma frequentemente repetido e novamente aceito sem crítica quando afirma: "O pentecostalismo nasceu da experiência dinâmica, e não de uma descoberta teológica"[327]. Essa declaração é problemática em dois níveis. Em primeiro lugar, virtualmente qualquer declaração teológica pode ser descrita desta forma, isto é, emergindo pela primeira vez como uma experiência. Em segundo lugar, o fato é que o movimento pentecostal foi realmente fundado em uma descoberta teológica. Há um consenso geral de que as origens do movimento pentecostal moderno remontam a 1º de janeiro de 1901 e a uma pequena escola bíblica em Topeka, Kansas.

Lá, uma conexão clara foi feita entre a experiência do batismo no Espírito Santo e o falar em línguas. Esta descoberta teológica – que a experiência descrita em Atos deve servir como um modelo para a experiência cristã contemporânea, que o batismo no Espírito Santo (At 2.4) é uma capacitação pós-conversão para a missão, e que falar em línguas marca essa experiência – foi transmitida a William Seymour, um fervoroso pregador negro que levou a mensagem pentecostal a

---

[326] Deve-se notar que Kärkkäinen na verdade reconhece essa unidade, embora com um pouco de relutância, quando repreende os pentecostais por serem fortemente influenciados pela teologia conservadora.

[327] Kärkkäinen, "Pneumatology of Religions", 160. Em uma nota de rodapé, Kärkkäinen cita dois dos escritos de Hollenweger para apoiar esta afirmação.

uma pequena missão improvisada no sul da Califórnia. Assim, o Avivamento da Rua Azusa (1906-1909) nasceu. Isso se tornou o catalisador de um movimento que se espalhou pelo mundo. É importante notar que Seymour veio para Los Angeles com uma mensagem clara e distinta, que veio de Charles Parham e seus alunos no Kansas. Claro, muitos, especialmente os estudantes e herdeiros de Hollenweger como Allan Anderson, contestam a afirmação de que as origens do movimento pentecostal moderno podem ser rastreadas até o Avivamento da Rua Azusa. Um desfile de outros movimentos de avivamento de diversos locais ao redor do mundo (Índia, Coréia e País de Gales, para citar alguns) é citado, todos anteriores ao Avivamento da Rua Azusa. No entanto, o fato é que nenhum desses outros movimentos de avivamento produziu uma mensagem teológica clara e distinta como o da Rua Azusa. Somente ali foi feita a conexão entre o batismo no Espírito e o falar em línguas, que fluiu de um entendimento particular da narrativa em Atos. Em suma, o movimento pentecostal moderno pode não ser capaz de apontar para centenas de anos de tradição, mas, no entanto, o movimento possui um legado teológico importante. O alcance e o poder unificador desta herança teológica não devem ser perdidos ou minimizados.

Muito se fala da diversidade teológica que marca o movimento pentecostal, mas isso é na realidade uma questão de semântica. Kärkkäinen escreve que existem "vários pentecostalismos mais ou menos distintos" e então ele os nomeia, pentecostais clássicos, carismáticos e neo-carismáticos[328]. Se pudermos nomeá-los (como podemos) e eles têm distinções

---

[328] Kärkkäinen, "Pneumatology of Religions," 161.

teológicas definíveis (como possuem), então por que não falar com um pouco mais de precisão? Geralmente, os teólogos gostam de falar com precisão porque é útil. Portanto, em vez de perpetuar a noção confusa e desnorteante de que existem muitos pentecostalismos, vamos simplesmente definir o que queremos dizer e usar termos apropriados para designar os vários agrupamentos. Ofereço esse tipo de taxonomia extremamente necessária em um apêndice abaixo. Quando fazemos isso, descobrimos que o termo "Pentecostal" torna-se significativo e descreve um grupo importante e notavelmente coeso de cristãos e igrejas ao redor do mundo.

AUTORIDADE BÍBLICA E MÉTODO TEOLÓGICO

O ensaio de Kärkkäinen também aponta para uma questão importante que sua obra e a de outros como Amos Yong colocam para os pentecostais. Como devemos fazer teologia? Esta pode parecer uma pergunta simples e direta, mas não é. À primeira vista, podemos supor que, é claro, nossa teologia deve fluir de um estudo cuidadoso da Bíblia. No entanto, vários sinais sugerem que Kärkkäinen e Yong não estão satisfeitos com esta abordagem ou resposta simples. A primeira indicação de que esta resposta simples é insuficiente para o primeiro é a sua declaração: "Toda teologia é contextual e locacional"[329]. Claro, em certo sentido, esta declaração é formalmente verdadeira. Cada afirmação é feita em um idioma específico e por uma pessoa localizada em uma cultura e época específicas. No entanto, também é verdade

---

[329] Kärkkäinen, "Pneumatology of Religions", 177.

que seria sábio ser cauteloso em aceitar essa declaração sem qualificação e como definitiva. Isso significa que não podemos transmitir a essência do evangelho claramente entre as culturas? Isso significa que estamos irremediavelmente presos em nosso próprio "gueto" cultural, incapazes de nos comunicar de maneira significativa com outros cristãos ao redor do mundo? Acho que não.

Na verdade, como um missionário que viveu por mais de vinte e cinco anos na China, continuo surpreso com as semelhanças (em vez das diferenças) que unem todos os seres humanos – compartilhamos sonhos, aspirações, fraquezas e medos semelhantes – e o poder da mensagem bíblica para se comunicar com pessoas de diversos contextos culturais. Como observamos, o "mapa do universo" bíblico soa familiar para as pessoas ao redor do mundo e os pentecostais têm sido bem-sucedidos em seus esforços evangelísticos e de implantação de igrejas precisamente porque levamos essa cosmovisão a sério. A verdadeira questão é, então, quão grande é a divisão cultural? Quanto maior vemos a divisão, mais sentimos a necessidade de "traduzir" ou reconstruir a mensagem. Historicamente, isso tem levado muitas igrejas chamadas tradicionais a abandonar a declaração da mensagem apostólica e, em alguns casos, a abandonar a própria noção de compartilhar o evangelho além das fronteiras culturais. Uma abordagem pentecostal do empreendimento teológico, eu sugeriria, vê a divisão em termos muito administráveis. Este é especialmente o caso quando nos lembramos da promessa do empoderamento do Espírito (At 1.8). Nosso trabalho não é reconstruir a mensagem, mas antes traduzi-la e aplicá-la para que seja claramente entendida e apropriada. Observaria que a questão da autoridade é central aqui, pois quanto maior for a divisão, mais iremos nos concentrar na análise da cultura contemporânea ao invés do testemunho bíblico. Há poucas dúvidas de que em muitos círculos do CMI que falavam de contextualização, as necessidades ou preocupações percebidas da cultura contemporânea rapidamente prevaleceram sobre a mensagem apostólica.

Outra indicação de que Kärkkäinen está insatisfeito com um simples foco na Bíblia como fonte de nossa teologia é seu apelo aos pentecostais para vincular nossa pneumatologia de forma mais ampla a questões além da piedade pessoal e espiritualidade, como política, meio ambiente, luta pela igualdade, e, claro, outras religiões[330]. Esse desafio de pensar de forma mais ampla também está relacionado ao seu incentivo para engajar teólogos confessionais, que já há algum tempo vêm seguindo esse caminho. Mais uma vez, porém, observaria que essa claramente não tem sido a postura pentecostal. Como Kärkkäinen observa, os pentecostais têm focado sua atenção na proclamação do evangelho e não na ação política ou social. Isso não significa que não tiveram um impacto social significativo. Embora muitas vezes não seja reconhecido, eles estão, em todo o mundo, tendo

---

[330] Observe também que a teologia sistemática de cinco volumes proposta por Kärkkäinen, escrita sob o título da série, *Constructive Christian Theology for the Pluralistic World*, é extremamente ampla em seu escopo. Ele pede "um diálogo robusto e consistente não apenas com as disciplinas teológicas históricas e contemporâneas. . . mas também as crenças e percepções de religiões vivas (neste caso, Judaísmo, Islã, Hinduísmo e Budismo), bem como as ciências naturais (e, às vezes, comportamentais e sociais) "(Kärkkäinen, *Trinity and Apocalipse*, 2). Yong também afirma esse entendimento mais amplo da tarefa teológica e, portanto, lamenta o fato de que sua visão da pessoa e obra do Espírito Santo como um jovem pentecostal era "muito individualista, muito espiritualista e muito eclesiocêntrica". Ele busca uma interpretação de Lucas-Atos que vê o Espírito operando fora da igreja em e através dos sistemas econômicos e políticos da sociedade, bem como realidades culturais e religiosas mais amplas (Yong, *Who is the Holy Spirit?*, x [citação anterior, ix]).

um impacto social dramático. Mas estão fazendo isso precisamente porque estão focados em uma mensagem bíblica clara de arrependimento, perdão e transformação. Esta mensagem constrói comunidades de adoração que incorporam e promovem virtudes que constroem famílias, capacitam mulheres, nutrem crianças e permitem que os pobres prosperem[331]. Os pentecostais normalmente fazem o que Graham Twelftree sugere ser a prática da igreja primitiva: pregam e demonstram com sinais e prodígios o evangelho para aqueles que estão fora da igreja; e aplicam a justiça social dentro da igreja[332].

Esta abordagem pentecostal tem a vantagem de apresentar uma mensagem que se centra claramente na palavra de Deus e que serve, assim, para unir a comunidade de fé. Quanto mais longe a igreja se move para o reino da ação política ou social, menos ela é capaz de falar com clareza sobre o curso de ação sugerido. É forçada a recorrer a recursos e autoridades além da Bíblia para estabelecer seu senso de direção[333]. Os cristãos devem apoiar um estado de bem-estar social como uma escolha compassiva para os pobres? Ou deveriam encorajar menos intervenção governamental para que indivíduos e igrejas tenham mais liberdade e

---

[331] Para uma avaliação objetiva, mas positiva, ver Martin, *Pentecostalism: The World Their Parish*. Este ponto também é reconhecido por Kärkkäinen, "Pneumatology of Religions" 166.

[332] Twelftree, *People of the Spirit*, 203. Twelftree conclui: "A ação social, em termos de cuidar das necessidades físicas do forasteiro, não desempenha nenhum papel na visão de Lucas sobre a missão" (p. 203). Sobre a prioridade da proclamação sobre a ação social na visão de Lucas sobre a missão, veja também Menzies, "Complete Evangelism: A Review Essay", 133-42.

[333] Em sua revisão do *Spirit of Life* de Moltmann, Kuzmic observa a falta de envolvimento sério com a Bíblia, "Aqui, como em outras partes do livro, sua exegese é pobre e seu uso seletivo das Escrituras hermeneuticamente questionável" (*"Croatian War-Time Reading"*, 21).

recursos para ministrar a eles? Esse é o tipo de pergunta que os cristãos individuais costumam considerar. No entanto, como essas perguntas não são tratadas diretamente nas Escrituras, normalmente geram respostas conflitantes. Os pentecostais têm evitado, em grande parte, a reflexão teológica e a especulação filosófica que afasta a igreja de seus fundamentos apostólicos e de suas verdades centrais. Eles mostram pouco interesse em teologia política ou diálogo inter-religioso. Kärkkäinen e Yong parecem impacientes com essa postura, mas acredito que a história tem mostrado que é uma grande força. Alguém se pergunta por que os pentecostais iriam querer trilhar o caminho que as igrejas chamadas tradicionais já trilharam? Dado o poderoso impacto das igrejas pentecostais e a relativa impotência de nossas contrapartes nas igrejas chamadas tradicionais, acho difícil entender por que Kärkkäinen sente que devemos seguir seus passos.

OUTRAS RELIGIÕES

Finalmente, chegamos à questão de uma teologia pentecostal das religiões. Kärkkäinen reconhece que os pentecostais mostraram pouca inclinação para falar da obra do Espírito em outras religiões:

> Embora os pentecostais tenham se destacado nas atividades missionárias com resultados impressionantes em qualquer padrão, seu pensamento sobre o ministério do Espírito no mundo fica para trás. Não apenas isso, mas – alinhando-se com a ala mais conservadora da igreja – eles também foram os primeiros a levantar dúvidas sobre qualquer tipo

de papel salvador do Espírito além da proclamação do evangelho. A maioria dos pentecostais sucumbiu à vigente visão conservadora/fundamentalista de limitar a obra salvadora do Espírito à igreja (exceto para a obra do Espírito preparando alguém para receber o evangelho)[334].

Claramente, Kärkkäinen vê essa tendência pentecostal como uma deficiência, um erro a ser corrigido. E, claro, ele não precisa ir muito longe para encontrar um campeão. Seu colega do Fuller Theological Seminary, Amos Yong, tem sido a voz principal neste campo na última década. A perspectiva de Yong notavelmente é diferente da do pentecostal típico. Ele vê as outras religiões de forma bastante positiva, como "instrumentos do Espírito Santo [que, por meio delas, está] realizando os propósitos divinos no mundo". Yong também sugere que o Espírito pode atuar de forma salvífica em outras religiões. Embora seja rápido em vincular essa salvação em algum sentido a Cristo e ao Espírito, ele sugere que ela pode ser "mediada por meio das crenças e práticas religiosas disponíveis a eles [isto é, por meio das crenças e práticas de outras religiões]"[335]. É evidente que Yong é um inclusivista – embora toda a salvação venha de Cristo, os salvos podem não necessariamente saber disso – e que sua posição flui da convicção de que o Espírito está trabalhando de modo

---

[334] Kärkkäinen, "Pneumatology of Religions" 170.
[335] Kärkkäinen, "Pneumatology of Religions", 174, citando Yong, *Spirit Poured Out on All Flesh*, 235-36 (ambas as citações).

salvífico em outras religiões, mesmo quando elas o fazem em o nome de Jesus[336].

Existem vários pontos importantes a serem observados neste momento. Em primeiro lugar, deve reconhecer-se que a teologia de Yong não é realmente pentecostal, mas sim pneumatológica. Ou seja, as conclusões e métodos de Yong não refletem o que normalmente significa o termo pentecostal[337]. Isso não é verdade apenas em sua teologia das religiões, mas também em sua perspectiva teológica mais ampla, conforme refletido em seu livro *The Spirit Poured Out on All Flesh and Who Is the Holy Spirit?* [*O Espírito derramado sobre a carne*].[338] Mesmo se adotarmos a definição um tanto vaga de Kärkkäinen da teologia pentecostal, seria difícil ver Yong apoiando essas convicções.

Yong provavelmente poderia ser descrito como um teólogo ecumênico carismático, mas o termo pentecostal a ele aplicado parece incorreto. Além disso, quando descrevemos a teologia de Yong como pneumatológica, destacamos o fato de que sua abordagem está enraizada em uma ênfase na obra do Espírito. Na verdade, é precisamente essa ênfase no Espírito, em vez de em Cristo, que permite que ele, como cristão, fale de Deus operando em outras religiões[339]. Essa orientação pneumatológica

---

[336] Para uma declaração clara da abordagem de Yong, consulte Yong, *Beyond the Impasse*. Para uma boa análise e crítica da posição inclusivista, veja Phillips, "Evangelicals and Pluralism", 229-44.

[337] Para uma avaliação semelhante, ver Anderson, "Review of The Spirit Poured Out on All Flesh", 160-61. Anderson escreve: "Nem Yong representa a teologia pentecostal global em qualquer sentido 'tradicional' ou normativo" (p. 160).

[338] A edição brasileira desta obra foi publicada em 2022, pela Aldersgate Editora.

[339] Assim, por exemplo, Yong declara: "A rejeição do Filioque pode liberar algum espaço para o desenvolvimento de uma pneumatologia das religiões

também permite que ele veja a congruência entre a experiência cristã do Espírito Santo e as experiências espirituais daqueles em outras religiões. É aqui, entretanto, que encontramos problemas.

A principal dificuldade que tenho com essa proposta é que ela está muito fora de sintonia com o testemunho apostólico registrado no Novo Testamento. É difícil imaginar, por exemplo, Paulo dialogando com seu público judeu ou gentio como meramente um aluno interessado, assumindo que todos falam em pé de igualdade e que todos têm algo significativo para contribuir. Esta não é a postura do apóstolo. Em vez disso, ele é compelido a falar, porque o Evangelho revelado a ele por meio de seu encontro com Cristo é "o poder de Deus para a salvação de todo aquele que crê" (Rm 1.16; cf. 2 Co 5.14-15). Na verdade, Paulo está tão dominado pela mensagem de Jesus, que está disposto a "tudo suportar" para que possa proclamá-lo "aos eleitos, para que também eles obtenham a salvação que está em Cristo Jesus, com glória eterna" (2 Tm 2.8-10). O mesmo pode ser dito de Lucas e sua visão da igreja e sua missão. A igreja, ele nos lembra, é nada menos do que uma comunidade de profetas que foram chamados e capacitados para proclamar as boas novas de Jesus a um mundo perdido e agonizante (At 1.8; 2.17-21). A ousada declaração de Pedro e João: "E não há salvação em nenhum outro, porque debaixo do céu não existe nenhum outro nome, dado entre os homens, pelo qual importa que sejamos salvos" (At 4.12), e sua compulsão inspirada pelo Espírito para proclamar a mensagem apesar da oposição ("não podemos deixar de falar das coisas que vimos e ouvimos" [At 4.20]), são apresentados como modelos para

---

como um fluxo distinto ou pelo menos relacionado na história da salvação" (*Beyond the Impasse*, 186).

os leitores de Lucas. Em outras palavras, as exortações de Yong para que nos sentemos como colegas de aprendizado e discutamos nossas experiências mútuas de Deus com aqueles religiosos que encontramos, soa mais como um produto de nossa cultura ocidental e liberal contemporânea, em vez do mandato apostólico. O Novo Testamento nos chama para ser profetas, não parceiros de diálogo.

Certamente, Yong está bem ciente dessas tensões e deve ser elogiado por sua tentativa de se comunicar com um público global e em grande parte não cristão. Seu livro *Beyond the Impasse* [*Além do Impasse*] é um chamado ousado e, dada sua natureza abstrata e filosófica, surpreendentemente claro para formular uma teologia das religiões e envolver aquelas pessoas de outras religiões em um diálogo autêntico. No entanto, ao ler este livro, fiquei pensando que a postura básica de humildade (temos muito a aprender com outras religiões porque, afinal, Deus por meio de seu Espírito está trabalhando nelas também) que ele defende parece não perceber o fato de que em nossa experiência de Cristo por meio do Espírito Santo, fomos unicamente dominados pelo poder de Deus. Nossa ousadia não deve ser confundida com arrogância egoísta; antes, é um reflexo da grande e gloriosa obra de Deus em Cristo. Não é produto da ignorância, mas de uma revelação clara.

Escrevo este pequeno capítulo do sudoeste da China, para onde acabei de retornar, após um curto período de volta aos Estados Unidos. Hoje cedo comi uma tigela de macarrão em um pequeno restaurante muçulmano enquanto conversava em mandarim com o proprietário, o Sr. Ma, que por acaso estava ouvindo instruções muçulmanas transmitidas a ele pela Internet em seu próprio idioma Salar da província de Qinghai[340]. Perguntei o Sr. Ma do que se tratava a mensagem que ele estava ouvindo atentamente. Ele indicou que se tratava da vida após a morte e do fato de que devemos ter uma perspectiva eterna. Claro que essa era uma perspectiva que eu poderia afirmar. Ambos concordamos que essa conversa sobre eternidade era muito diferente do materialismo marxista normal que tanto influencia o discurso público na China. Este encontro foi o início de uma conversa e de uma amizade que oro para que continue a crescer. Acredito que este é o tipo de diálogo que Amos Yong procura encorajar (e apropriadamente), embora sua visão também inclua um diálogo acadêmico mais formal. No entanto, devo admitir que minha postura neste diálogo não é o que Yong parece defender. Entro nesta discussão sem remorso convencido de que tenho uma mensagem da maior importância para o Sr. Ma (não vice-versa) e um desejo ardente de comunicar-lhe esta mensagem sobre Jesus. Quero aprender mais sobre ele, sua formação, seu povo, suas crenças e sua história. E ao ouvir, espero ganhar o direito de falar. No entanto, não vejo este "diálogo" como uma oportunidade para aprender mais com o Sr. Ma sobre os caminhos e propósitos de Deus expressos no Islã (embora admita com prazer que o pão assado dele é de origem divina). Nem estou muito interessado em tentar discernir como o Espírito está trabalhando em sua vida (se é que está). Já estou convencido de que o Espírito está agindo na vida do Sr. Ma através de mim e de nosso encontro. Quero

---

340 Este é um diferente "Sr. Ma "do que aquele mencionado anteriormente no capítulo 5. O Sr. Ma do capítulo 5 é membro do grupo minoritário Hui.

estar atento a como posso dar testemunho de Jesus a este homem que parece intocado pelo evangelho[341].

Quero compartilhar o presente mais precioso e valioso que tenho com meu novo amigo. Acredito que o amor de Cristo e o poder do Espírito Santo não exigem nada menos. Isso me leva a outro problema com a proposta de Yong. Sua análise bíblica parece dar demasiada ênfase nas dimensões universais da obra do Espírito, por um lado, e minimizar a natureza particular e centrada em Cristo da obra salvífica do Espírito, por outro. A leitura de Atos 10.34 e 2.17 de Yong é um bom exemplo de ambos. Ele escreve:

> A crença cristã de que Deus não faz acepção de pessoas (At 10.34) – independentemente de raça ou etnia, gênero, posição social, afiliação religiosa ou localização geográfica – e que o Espírito Santo está sendo derramado universalmente (At 2.17) significa que, acima de tudo que nós, como seres humanos, possamos fazer, nós não vivemos separados do Espírito de Deus, nem podemos escapar da presença e atividade do Espírito (cf. Sl 139.7-12)[342].

Apesar da eloquência da declaração de Yong, acredito que falta o cerne da mensagem de Lucas. Nenhuma dessas citações de Pedro – "Reconheço por verdade que Deus não trata as pessoas com parcialidade; pelo contrário, em qualquer

---

[341] De acordo com Hattaway, 87% dos Salar nunca ouviram o evangelho (Hattaway, *Operation China*, 464).

[342] Yong, *Beyond the Impasse*, 131. Ver também Yong, *Spirit Poured Out on All Flesh*, 195-202.

nação, aquele que o teme e faz o que é justo lhe é aceitável" (At 10.34-35) e "derramarei o meu Espírito sobre toda a humanidade" (At 2.17, citando Jl 2.28) – referem-se à obra do Espírito entre as pessoas que não são seguidoras de Jesus. Na verdade, o ponto é exatamente o oposto: a fé na mensagem de Jesus permite que pessoas de todas as nações entrem no reino de Deus e experimentem o poder do Espírito, que os marca como membros do bando de profetas do tempo do fim de Joel. Uma das características marcantes da narrativa de Lucas em Atos é o papel notável desempenhado pelo falar em línguas[343]. O falar em línguas está associado à profecia e é apresentado como um sinal significativo em ambas as passagens mencionadas acima (At 2 e 10). O palco está montado em Atos 2.

Em Atos 2.17-18 (cf. At 2.4), falar em línguas é especificamente descrito como um cumprimento da profecia de Joel de que nos últimos dias todo o povo de Deus profetizará. A cacofonia produzida pela fala em línguas dos discípulos de Jesus não é o resultado de muita folia; antes, Pedro explica, é o som de declarações inspiradas emitidas pelos profetas dos tempos do fim de Deus (At 2.13, 15-17). O significado do simbolismo da fala "em outras línguas", que permite "aos judeus de todas as nações sob o céu" ouvir a mensagem em sua "própria língua" (At 2. 5-6), é explicada claramente. Isso marca este grupo como membros da banda profética do tempo do fim de Joel e indica que os "últimos dias" e a salvação associada a ele chegaram. Assim, Lucas narra a poderosa declaração de Pedro a respeito de Jesus, "Exaltado, pois, à direita de Deus... derramou isto que vocês estão vendo e ouvindo" (At 2.33). "Portanto", declara

---

[343] Ver Menzies, *Glossolalia*, 21-69.

Pedro, "toda a casa de Israel esteja absolutamente certa de que a este Jesus, que vocês crucificaram, Deus o fez Senhor e Cristo" (At 2.36). A lógica da narrativa é transparente: visto que o Espírito de profecia é dado apenas aos "servos" de Deus (At 2.18) – que é o verdadeiro povo de Deus, os herdeiros da promessa que Deus fez a Israel (Jl 2.28-32) – e, uma vez que os discípulos de Jesus são aqueles que agora estão recebendo este presente, segue-se que Cristo é o Senhor (At 2.33) e que seus discípulos constituem o verdadeiro povo de Deus. Em Atos 2, o discurso em línguas (o efeito audível e visível do dom do Espírito), então, serve como um sinal de que ambos validam a afirmação dos discípulos de que Jesus é o Senhor e confirma sua condição de membros do grupo profético do tempo do fim de Joel.

A associação com a profecia é feita novamente em Atos 10.42-48. Enquanto Pedro ainda pregava a Cornélio e sua casa, o Espírito Santo "caiu sobre todos os que ouviam a mensagem" (At 10.44). Os companheiros do apóstolo "admiraram-se, porque também sobre os gentios foi derramado o dom do Espírito Santo. Pois eles os ouviam falando em línguas e engrandecendo a Deus" (At 10.45-46). Observe como o Espírito Santo interrompe Pedro assim que ele declara: "Jesus nos mandou pregar ao povo e testemunhar que ele foi constituído por Deus como Juiz de vivos e de mortos. Dele todos os profetas dão testemunho de que, por meio do seu nome, todo o que nele crê recebe remissão dos pecados" (At 10.42-43). Dificilmente pode ser coincidência que o Espírito Santo irrompa e inspire a glossolalia precisamente neste ponto do sermão de Pedro. De fato, quando Cornélio e sua família explodiram em línguas, esse ato fornece uma prova demonstrativa de que eles também fazem parte do bando profético do tempo do fim sobre o qual Joel profetizou.

Eles também são profetas que "testificam" sobre Jesus. Como, então, Pedro e os outros podem impedir o batismo deles?

Tudo isso deixa bem claro que, nessas passagens, Lucas não se refere à obra do Espírito além dos limites de um grupo específico e particular de pessoas, o povo de Deus. Em vez disso, ele redefine o conceito "o povo de Deus". Este grupo não está mais limitado a Israel, mas agora inclui aqueles de todas as nações que creem em Jesus e recebem "perdão dos pecados em seu nome" (At 10.43; Atos 10 torna explícito o que Atos 2 antecipa).

Na verdade, em todo o Novo Testamento, a obra salvífica do Espírito está associada a um dom especial do Espírito (em oposição à operação geral do Espírito na criação que dá vida física) e está sempre relacionada com a proclamação, imitação ou adoração de Cristo. O ponto chave a se notar é que a medida para determinar se uma experiência, ação ou evento é inspirado pelo Espírito é seu relacionamento com Cristo. Isso é verdade para Lucas (At 1.8; 2.33), para Paulo (1Co 12.3) e para João (Jo 3.5-8; 20.22).

O Novo Testamento apresenta um testemunho uniforme: sabemos que algo é do Espírito se exalta a Cristo. Além desse teste cristológico, não temos como saber se o que está sendo avaliado é uma obra do Espírito ou não[344]. Um ato de bondade

---

[344] Kärkkäinen reconhece este ponto em seu artigo, "How to Speak of the Spirit Among Religions", 121–27, ver especialmente p. 123. Yong também está muito ciente do problema (por exemplo, *Beyond the Impasse*, 169) e todo o seu programa pode ser visto como uma tentativa de lidar com essa questão e, ao mesmo tempo, falar para um público maior não cristão. No entanto, não parece haver muita clareza (pelo menos nos escritos de Yong) sobre a distinção entre a obra do Espírito entre todas as pessoas (e além) na criação e a obra do Espírito como dom de Cristo (e do Pai) que só é dado em resposta ao arrependimento e fé.

ou generosidade pode ser bom e nobre, mas isso não é garantia de que seja uma obra do Espírito (no sentido normal da palavra no Novo Testamento). Somente se esse ato for realizado pelo desejo de exaltar a Cristo, saberemos que é uma manifestação do reino de Deus. Um apelo à obra geral do Espírito na criação não oferece escapatória, pois esta dimensão da atividade do Espírito não é vista como salvífica pelos autores do Novo Testamento. Somente a operação do Espírito que é concedida por Cristo é salvífica. Assim, a obra soteriológica do Espírito nas pessoas e entre as pessoas só é reconhecível por sua natureza cristológica (ou seja, capacitar a proclamação, capacitar a transformação ética e energizar a adoração). Falar, então, da obra do Espírito de maneira salvífica em outras religiões é, na melhor das hipóteses, pura especulação.

Estou aqui lembrado da crítica de J. Rodman Williams ao livro de Harvey Cox, *Fire from Heaven*[345]. Williams critica Cox, que foi o mentor de Amos Yong, por sua "tendência de ver o pentecostalismo como basicamente uma expressão religiosa que pertence à existência humana em geral" e questiona: "Mas não há algo distinto na espiritualidade pentecostal? É apenas um poderoso rompimento do que está latente em qualquer lugar e em todos os lugares?"[346]. Além disso, Williams observa: "O que parece estar faltando no tratado de Cox é qualquer foco na ideia de 'um encontro especial'. Pois não apenas, eu diria, o Espírito Santo habitou em Jesus; Ele também foi enviado por Cristo (ver At 2.33). Isso parece faltar no livro de Cox, onde o

---

[345] Cox, *Fire From Heaven*. Veja também Williams, "Harvey Cox and Pentecostalism".

[346] Williams, "Harvey Cox and Pentecostalism", 3.

Espírito representa uma realidade imanente que pode irromper a qualquer momento"[347].

Finalmente, Kärkkäinen insiste que este esforço defendido por Yong "deve ser tentado sem abrir mão da prioridade do evangelismo por um lado ou, por outro lado, do compromisso com a autoridade das Escrituras"[348]. No entanto, a história tem demonstrado que esta exortação tem pouca chance, se houver alguma, de ser realizada. Dê uma olhada em nossos irmãos e irmãs das igrejas chamadas tradicionais. A evidência é clara e a lógica difícil de refutar. Como a discussão da obra salvadora do Espírito Santo em outras religiões não pode impactar negativamente nossos esforços evangelísticos e de plantação de igrejas? E dadas as contradições aparentemente visíveis com a prática apostólica conforme apresentada no Novo Testamento, este esforço não pode deixar de levantar questões sobre a autoridade das Escrituras e seu papel no empreendimento teológico[349].

CONCLUSÃO

Kärkkäinen e Yong são, sem dúvida, pensadores brilhantes e eles indubitavelmente, às vezes, desafiarão os pentecostais a pensar de maneiras positivamente inéditas. No entanto, acredito

---

[347] Williams, "Harvey Cox and Pentecostalism", 4.
[348] Kärkkäinen, "Pneumatology of Religions", 174, que também cita Amos Yong, *Discerning the Spirit (s)*, 24-25. Ao mesmo tempo, Yong parece muito consciente do fato de que, na realidade, está propondo uma abordagem diferente para as missões (ver *Beyond the Impasse*, capítulos 5 e 6).
[349] Há uma notável escassez de referências bíblicas ou análises no artigo de Yong, ""From Azusa Street to the Bo Tree and Back: Strange Babblings and Interreligious Interpretations in the Pentecostal Encounter with Buddhism", 203-26.

que os pentecostais precisam agir com cuidado aqui e avaliar criticamente os escritos produzidos por esses dois excelentes estudiosos. Embora ambos venham de origens pentecostais, sua orientação teológica é provavelmente melhor descrita como carismática do que pentecostal. Sua abordagem pode ser denominada pneumatológica em vez de pentecostal, e seus métodos têm mais em comum com teólogos ecumênicos ou das igrejas chamadas tradicionais do que com seus colegas evangélicos ou pentecostais. Mais especificamente, o apelo de Kärkkäinen e Yong para que os pentecostais abracem uma teologia mais inclusiva das religiões está repleto de perigos. Como Peter Kuzmic observa, "Se virmos em tudo a obra do Espírito (ou espiritual), então nunca poderemos reconhecer ou nos tornar os recipientes e instrumentos do Espírito de Deus"[350]. Acredito que os pentecostais serão mais bem servidos, e assim servir melhor, seguindo mais de perto o modelo apostólico.

---

[350] Kuzmic, "A Croatian War-Time Reading," 22.

Conclusão

Não tenho dúvidas de que enquanto a tinta dessas páginas ainda estiver úmida, haverá quem proteste: "Os pentecostais não são evangélicos. Pentecostais e evangélicos representam duas maneiras muito diferentes de ver o mundo, a Bíblia e a igreja. Eles representam um choque cataclísmico de visões de mundo". Este protesto será levantado por alguns – na verdade, um número significativo – na academia pentecostal. Eles querem distanciar os nobres místicos dos racionalistas estéreis. Mas esse protesto também será ouvido nos corredores das igrejas fundamentalistas e sussurrado em seus bancos. Agora, é claro, o protesto vai contrastar cristãos de mente sóbria enraizados nos sólidos preceitos da Bíblia com entusiastas de olhos arregalados constantemente pegos na última moda espiritual.

Meu único argumento contra essas objeções é sugerir que essa noção – que um grande abismo de diferentes cosmovisões separa evangélicos e pentecostais – repousa em uma caricatura de ambos os movimentos. R. A. Torrey, em minha mente, mostra a falácia de julgamentos superficiais a respeito dos evangélicos a esse respeito. Também deve ser notado que uma das grandes metáforas do Evangelicalismo é "a trilha de serragem"[351], uma imagem que captura a natureza profundamente experiencial do movimento[352]. Os evangélicos podem questionar e discordar sobre muitas coisas, mas sugerir que eles são racionalistas estéreis claramente erra o alvo. E enquanto os pentecostais destacam o "encontro" com Deus, a notável semelhança de experiência e práxis que marca os crentes pentecostais e as igrejas em todo o mundo atesta o fato de que o registro bíblico é o ímpeto e a medida de sua fé. Além disso, argumentei que a palavra "encontro" por si só não nos leva ao cerne da teologia ou prática pentecostal. Para eles, o divino encontro produz uma chamada. Assim, sugeri que os pentecostais não são místicos, mas sim profetas. Na verdade, um dos principais motivos pelos quais escrevi este livro é destacar esse ponto importante.

Embora, como afirmei, esteja certo de que muitos, especialmente aqueles na academia pentecostal, encontrarão falhas em minha tese, estou igualmente confiante de que a grande maioria dos crentes pentecostais, pastores e líderes da igreja (e, talvez, a maioria, o mais importante, dos jovens estudantes) irão abraçar e encontrar encorajamento nesta perspectiva. Também

---

[351] A expressão *sawdust trail*, aqui traduzida por *trilha de serragem*, é uma expressão do inglês norte-americano, podendo ser definida como "O caminho ou jornada para a redenção ou reabilitação (como para um pecador ou criminoso) ao aceitar, praticar ou se converter ao Cristianismo em uma reunião de avivamento dirigida por um evangelista. Faz alusão aos corredores cobertos de serragem das tendas das reuniões de avivamento no início do século XX". Disponível em: https://idioms.thefreedictionary.com//sawdust+trail. Acesso em 17 de dezembro de 2021. [N. do T.]

[352] George, *Pilgrims on the Sawdust Trail: Evangelical Ecumenism and the Quest for Christian Identity*.

acredito que ajudará um número considerável de evangélicos não pentecostais a entender melhor os pentecostais e talvez sua própria fé também. Em suma, estou confiante de que minha perspectiva irá ressoar com a grande maioria dos pentecostais nos púlpitos e nos bancos da igreja, e talvez não um seleto grupo na academia. Portanto, sugeriria que este é o verdadeiro abismo de percepção que existe – aquele que separa a vasta maioria dos crentes pentecostais, se não para um seleto grupo na academia. Diante desse abismo de percepção, vejo um choque, uma espécie de controvérsia fundamentalista-modernista, embora centrada em novas questões (cosmovisão, hermenêutica e, em última instância, teologia) chegando. É por isso que acredito que esta discussão é importante e inevitável.

Para aqueles amigos que discordam de minhas conclusões (e aqui dirijo minhas observações principalmente aos meus irmãos e irmãs pentecostais), quero levantar uma questão final. A pergunta surge de minha própria experiência pessoal e expressa um medo persistente. Estou preocupado com a próxima geração de pentecostais, para que não percamos nossas amarras evangélicas. A denominação metodista do final do século XIX e início do século XX é um grande exemplo de como um movimento espiritual vital pode perder o rumo rapidamente. Como declarei em meus outros escritos e afirmo novamente neste, os pentecostais têm uma contribuição única a dar à família evangélica mais ampla; mas, se abandonarmos nossos valores evangélicos, perderemos nosso caminho e Deus levantará outros para dar esta contribuição.

Minha pergunta final está inserida em uma história. Recentemente, tive o privilégio de visitar uma igreja perto da cidade de Qujing, na província chinesa de Yunnan. A igreja na aldeia de Zhan Yi foi fundada pelos missionários pentecostais

Max e Emily Bernheim, na década de 1930. Os Bernheim, junto com um filho, foram assassinados por bandidos em 1940. Este trágico evento deixou os cinco filhos restantes dos Bernheim órfãos. Além disso, a localização dos corpos de Max, Emily e seu filho, David, permaneceu um mistério por décadas. No entanto, no final de 2015, os membros da igreja Zhan Yi descobriram o cemitério original dos Bernheim e moveram seus restos mortais para o local atual da igreja no ano seguinte. Em junho de 2017, um cristão chinês irmão me notificou desses desenvolvimentos mais recentes. Ele esperava que eu pudesse notificar a família sobre esses eventos recentes.

Então, junto com um grupo de amigos, visitei o cemitério e encontrei uma bela pedra memorial marcando o túmulo deles. Mais significativamente, descobri que a igreja em Zhan Yi que eles plantaram – havia cerca de cinquenta crentes em 1940 – é vibrante e próspera. Os crentes chineses locais expressaram repetidamente sua gratidão pelo ministério e sacrifício dos Bernheim. A igreja ali agora soma mais de setecentas pessoas e os líderes da igreja estão profundamente cientes de seu rico legado. Eles notaram com gratidão a verdade das palavras de Tertuliano, "O sangue dos mártires é a semente da igreja". Essas palavras estão gravadas na pedra memorial que marca o túmulo dos Bernheim, agora localizado ao lado da igreja.

Enquanto pondero sobre a história dessa família, um pensamento e uma pergunta passam pela minha mente. O pensamento é simplesmente este: embora tenha certeza de que em 1940 muitos não conseguiam compreender como Max e Emily Bernheim puderam levar seus seis filhos ao caos do sudoeste da China devastado pela guerra, estou convencido de que apenas o tempo e a eternidade revelarão a verdade e o significado de sua obediência e seu sacrifício. Já podemos ter um vislumbre do incrível impacto que o evangelho que eles proclamaram está tendo na vida das pessoas do sudoeste da China.

Minha pergunta toca no propósito central deste livro. Tenho argumentado em capítulos sucessivos: que o movimento pentecostal moderno, desde o início, foi embebido na doutrina e na práxis evangélica; que os pentecostais sempre foram "pessoas do livro" e enraizaram sua crença e prática em uma leitura simples e direta da Bíblia; que enquanto celebram a atualidade do reino e vivem com a expectativa de que "sinais e prodígios" marcarão a vida da igreja hoje, essa expectativa é temperada e guiada pelo texto bíblico; que são centrados em Cristo e destacam a importância de um relacionamento íntimo e pessoal com Deus em Cristo; que eles, com sua abordagem narrativa de Lucas-Atos, têm uma compreensão missiológica distinta da vida cristã que ressoa bem com as ênfases evangélicas relacionadas; e, finalmente, que apesar dos apelos em contrário, não devem esquecer sua rica herança evangélica. Portanto, minha pergunta final é esta: se as igrejas pentecostais esquecerem, rejeitarem ou se afastarem conscientemente da rica herança evangélica delineada nas páginas deste livro, continuaremos a ter a força, a vontade e a capacidade de enviar missionários como os Bernheim no campo de colheita – um campo de colheita que está se tornando cada vez mais hostil e perigoso?

Acredito que a resposta a essa pergunta seja bastante clara. Infelizmente, alguns parecem estar nos chamando para fazer exatamente isso. O fato de que mais do que uns poucos evangélicos conservadores não estão dispostos a reconhecer nossas raízes comuns e a unidade teológica que compartilhamos não ajuda nesse sentido[353]. Essa miopia apenas diminui a capacidade deles de falar e ser enriquecido pelo movimento pentecostal. Minha esperança é que este livro possa encorajar ambos os grupos – pentecostais, especialmente aqueles na academia que são tentados a rejeitar os valores evangélicos fundamentais, e evangélicos conservadores que, defendendo tropos não examinados, rejeitaram o movimento pentecostal – a considerar mais uma vez as convicções teológicas que unem esses dois movimentos cristãos poderosos e sobrepostos.

Também estou convencido de que se nós, pentecostais, lembrarmos e afirmarmos a rica herança evangélica que é nossa, continuaremos a desfrutar da bênção do Senhor e a experimentar o poder pentecostal. Continuaremos então a enviar com oração e alegria incontáveis emissários por Jesus, como os Bernheim, para pontos difíceis, perigosos e carentes ao redor do globo. E, junto com nossos outros irmãos e irmãs evangélicos, veremos o cumprimento da visão de João acontecer: uma "grande multidão" de todas as nações, tribos e línguas cantará juntos: "A salvação pertence ao nosso Deus... e ao Cordeiro!" (Ap 7.9-10).

---

[353] Veja, por exemplo, a caricatura do movimento pentecostal e os comentários oferecidos por John MacArthur em seu livro *Strange Fire*.

Apêndice

Definindo o termo, "Pentecostal"

Muitos hoje parecem relutantes em definir o termo "pentecostal" de forma clara e precisa. Uma das principais razões para isso é a suposição de que o movimento pentecostal não possui uma mensagem teológica. Supostamente, é um movimento definido pela experiência, não pela doutrina. Claramente, a sombra de Walter Hollenweger ainda é grande[354].

Essa suposição levou muitos a definirem o termo pentecostal fenomenologicamente (ou seja, de acordo com a experiência). Um bom exemplo dessa abordagem é encontrado na maneira como muitos sociólogos descrevem as "igrejas domésticas" chinesas.

---

[354] Por exemplo, Hollenweger descreve o movimento pentecostal como "um movimento cuja principal característica não é a concordância verbal, mas a correspondência de sentimentos" (*Pentecostals*, xx). Veja também Kärkkäinen, "Pneumatology of Religions", 160 e Anderson, *Introduction*, 14.

A maioria dos estudiosos reluta em descrever essas igrejas como possuidoras de uma identidade pentecostal clara – uma identidade que está enraizada em sua leitura da Bíblia. Uma série de outros fatores são oferecidos na tentativa de explicar por que os protestantes chineses gravitaram em direção às formas pentecostais de crença e práxis. Por exemplo, Hunter e Chan apontam que os valores pentecostais soam como características importantes da religião popular chinesa e, assim, atendem às necessidades sentidas por muitos crentes chineses[355]. Fenggang Yang argumenta que as adversidades na China criadas pela transição para uma economia de mercado criaram um novo tipo de angústia e a necessidade de uma nova cosmovisão "para trazer sentido e ordem" à vida das pessoas[356]. Ele afirma que a espiritualidade pentecostal ajuda a atender a essa necessidade. Chen-Yang Kao argumenta que a Revolução Cultural (1966-76) pavimentou o caminho para o surgimento do "pentecostalismo conduzido pela prática" ao retirar várias formas de autoridade eclesiástica que, sem a perseguição estridente que caracterizou esta era, ainda estaria presente. Assim, "não havia autoridade cristã que fosse capaz de fornecer uma estrutura doutrinária ou regulamentação institucional para desencorajar aquelas experiências extáticas e o exercício do poder carismático"[357].

Embora todas essas explicações possam nos ajudar em vários graus a entender mais claramente por que a China, como tantos lugares ao redor do mundo, tem sido um terreno tão fértil para o crescimento da igreja pentecostal, todas elas

---

[355] Hunter and Chan, *Protestantism in Contemporary China*, 141-63.
[356] Yang, "Lost in the Market, Saved at MacDonald's", 432.
[357] Kao, *Cultural Revolution and the Post-Missionary Transformation of Protestantism in China*, 102.

falham em explicar a dinâmica central: o registro bíblico. Sim, a fé pentecostal, com sua abertura ao sobrenatural, fornece recursos espirituais para necessidades significativas sentidas. Sim, a mensagem pentecostal, centrada como é na fé em Cristo, fornece estabilidade no caos da confusão moral. E certamente, a fé pentecostal prospera onde há uma estrutura eclesiástica limitada. Mas nenhuma dessas explicações nos leva ao cerne da questão. A nossa fé está enraizada na Bíblia e flui da convicção de que as histórias do livro de Atos são nossas histórias: histórias que fornecem modelos de vida e ministério. Não é significativo que o movimento pentecostal na China tenha dado seu primeiro fôlego através da página impressa?[358] Por que devemos imaginar que é diferente hoje? De fato, mesmo entre os pentecostais analfabetos, as histórias da Bíblia, transmitidas oralmente, servem de modelo para sua fé e práxis.

Certamente, nem todo crente chinês que ora pelos enfermos, exorciza demônios ou profetiza, afirmaria um batismo no Espírito distinto da conversão que é marcada pelo falar em línguas. No entanto, há um número significativo que o faz[359]. E sua influência, bem como a clareza de suas convicções bíblicas, não devem ser subestimadas. O traço comum que une os pentecostais na China com outros pentecostais ao redor do mundo é o seu senso de conexão com a igreja apostólica conforme refletido no livro de Atos. Os pentecostais chineses oram pelos enfermos, adoram com alegre entrega, falam em línguas e buscam a capacitação do Espírito para um testemunho ousado em face da perseguição porque encontram todas essas

---

[358] Ver Menzies, "Pentecostals in China," 70-71.
[359] Menzies, "Pentecostals in China", 74-90.

experiências descritas no Novo Testamento. A mensagem e os métodos da igreja primitiva são modelos para suas vidas e ministério. Tudo isso sugere que Simon Chan está certo quando declara: "uma definição adequada do pentecostalismo não pode se restringir à descrição fenomenológica"[360].

Como delineei neste livro, o movimento pentecostal tem uma história clara, enraizada em uma compreensão particular do Novo Testamento e especialmente do livro de Atos. Portanto, tem uma importante mensagem teológica. Além disso, é uma mensagem que pode ser claramente definida. Muito se fala da diversidade teológica que marca o movimento pentecostal; mas, como já salientei, isso é na realidade uma questão de semântica. Os termos, pentecostal, neopentecostal e carismático, tornam-se significativos quando damos a eles uma definição específica e os usamos de maneiras precisas. Quando não o fazemos, o resultado é confusão: surge uma imagem vaga e borrada de um movimento amorfo. Ou pior, essa falta de precisão pode resultar em distorção. Encoraja e possibilita o tipo de caricatura do movimento pentecostal recentemente produzida por John MacArthur. Em seu livro *Strange Fire*, MacArthur pinta todo o movimento com pinceladas largas e, dessa forma, sugere que todos os pentecostais pensam e agem como Benny Hinn ou Jan Crouch. Bons teólogos falam com precisão e isso é o que é necessário quando se trata do movimento pentecostal.

Com isso em mente, gostaria de sugerir a seguinte taxonomia para descrever igrejas renovacionistas:
- **Pentecostal**: um cristão que acredita (ou uma igreja que afirma) que o livro de Atos fornece um modelo

---

[360] Chan, "Wither Pentecostalism?," 578.

para a igreja contemporânea e, com base nisso, encoraja todo crente a experimentar um batismo no Espírito, conforme a descrição de Atos 2.4, entendido como uma capacitação para a missão distinta da regeneração que é marcada pelo falar em línguas, e que afirma que "sinais e prodígios", incluindo todos os dons listados em 1 Coríntios 12.8-10, devem caracterizar a vida da igreja hoje.

- **Neo-Pentecostal**: um cristão que concorda e age de acordo com todos os princípios pentecostais listados acima, exceto a afirmação de que falar em línguas serve como um sinal normativo para o batismo do Espírito[361].
- **Carismático:** um cristão que acredita que todos os dons listados em 1 Coríntios 12.8-10, incluindo profecia, línguas e cura, estão disponíveis para a igreja hoje; mas, rejeita a afirmação de que o batismo no Espírito (At 2.4) é uma capacitação para a missão distinta da regeneração.
- **Não-carismático**: um cristão que rejeita a afirmação de que o batismo no Espírito (At 2.4) é uma capacitação para a missão distinta da regeneração e que também rejeita a validade de pelo menos um ou mais dos dons do Espírito listados em 1 Coríntios 12.8-10 para a igreja hoje.

Todas as categorias listadas agora são compatíveis com o termo Evangélico. Neste livro, argumentei que o termo Pentecostal não é apenas compatível com o adjetivo Evangélico,

---

[361] Ver nota 5 da Introdução.

mas incompreensível à parte dele. Assim, ser pentecostal é, por definição, ser evangélico[362].

E defino "evangélico" da seguinte forma:

- **Evangélico**: um cristão que (ou uma igreja que) afirma: a autoridade da Bíblia; a importância de uma relação pessoal com Cristo, que se entende ser o Senhor e único Salvador do mundo; e que compartilhar as "boas novas" de Jesus com os não-cristãos (evangelismo) é um aspecto central da vida cristã.

Também observaria que as categorias gerais (pentecostal, neopentecostal[363], carismático, não carismático) listadas acima podem ser qualificadas por uma série de outros termos descritivos que oferecem mais precisão:

- Orientação Teológica: "Evangélica", "ecumênica", "liberal" (por exemplo, um carismático ecumênico).
- Afiliação denominacional: "independente", "tradicional", "denominacional" (por exemplo, um neopentecostal independente).
- Abordagem da Bíblia: "Evangélico" e o termo contrastante, "Centrada no Espírito". O último termo pode ser usado para descrever cristãos ou igrejas que apresentam experiências extrabíblicas, como "manifestações de glória" (pó de ouro, penas de anjo, etc.). Por exemplo, podemos falar de uma igreja carismática centrada no Espírito.
- Ênfases teológicas: "palavra de fé" e "prosperidade" descreveriam aqueles que apresentam essas respectivas

---

[362] A única exceção possível seria "Pentecostais Unicistas" não trinitários.
[363] Ver nota 8.

ênfases; "terceira onda"[364] pode designar um grupo evangélico que enfatiza "sinais e prodígios" (por exemplo, carismáticos da terceira onda).

Finalmente, eu sugeriria que os termos "renovacionista" ou "continuacionista" (como o contraponto a "cessacionista") são particularmente úteis e apropriados quando se deseja falar mais amplamente dos movimentos pentecostais e carismáticos coletivamente.

Uma abordagem mais sutil para o estudo e discussão das igrejas renovacionistas é, acredito, do interesse de todos. Isso nos ajudará a nos comunicarmos com mais eficiência. Esperançosamente, isso, por sua vez, nos permitirá compreender e encorajar uns aos outros à medida que buscamos "falar a verdade em amor" e juntos crescermos até a maturidade como o corpo de Cristo (Ef 4.15-16).

---

[364] A expressão "***Terceira Onda***" foi popularizada no Brasil pelo trabalho de Paul Freston, influenciado pelo sociólogo britânico David Martin, que, diferentemente de seu uso por Menzies neste livro, se refere à corrente *neopentecostal* surgida na final da década de 1970, conforme mencionado na nota 5 da Introdução. [N. do E.].

Bibliografia

ANDERSON, Allan H. *An Introduction to Pentecostalism: Global Charismatic Christianity.* Cambridge: Cambridge University Press, 2004.

_____. "Review of *The Spirit Poured Out on All Flesh: Pentecostalism and the Possibility of Global Theology.*" *International Bulletin of Missionary Research* 30 (2006) 160–61.

ARCHER, Kenneth J. "The Making of an Academic Tradition: The Cleveland School." Presented at the 45th Annual Society for Pentecostal Studies Meeting, San Dimas, CA, Life Pacific College (March 10-12, 2016).

_____. *A Pentecostal Hermeneutic for the Twenty–First Century: Spirit, Scripture and Community.* Journal of Pentecostal Theology Supplement Series 28. London: T. & T. Clark International, 2004.

BAILEY, Kenneth E. *Jesus Through Middle Eastern Eyes: Cultural Studies in the Gospels.* Downers Grove, IL: IVP Academic, 2008.

BARCLAY, William. *The Gospel of Luke.* The Daily Study Bible Series. Rev. ed. Philadelphia: Westminster, 1975.

BARRATT, David B., and Todd M. Johnson. "Annual Statistical Table on Global Mission: 2001." *International Bulletin of Missionary Research* 25 (2001) 24–25.

BARTLEMAN, Frank. *Azusa Street.* 1925. Reprint, Plainfield, NJ: Logos International, 1980.

BAUCKHAM, Richard J. *Jude, 2 Peter.* Word Biblical Commentary 50. Waco: Word, 1983.

BEBBINGTON, David. *Evangelicalism in Modern Britain: A History from the 1730s to the 1980s.* Grand Rapids: Baker, 1989.

BEST, E. "Spirit-Baptism." *Novum Testamentum* 4 (1960) 236–43.

BOCK, Darrell L. *Acts.* Baker Exegetical Commentary on the New Testament. Grand Rapids: Baker, 2007.

———. *Luke.* The IVP Commentary Series. Downers Grove: InterVarsity, 1994.

———. *Luke 9.51—24.53.* Baker Exegetical Commentary of the New Testament. Grand Rapids: Baker Academic, 1996.

BRUMBACK, Carl. *What Meaneth This?* Springfield, MO: GPH, 1947.

BRUNER, Frederick Dale. *Theology of the Holy Spirit: The Pentecostal Experience and the New Testament Witness.* Grand Rapids: Eerdmans, 1970.

CASTELO, Daniel. *Pentecostalism as a Christian Mystical Tradition.* Grand Rapids: Eerdmans, 2017.

CHAI, Teresa, ed. *A Theology of the Spirit in Doctrine and Demonstration: Essays in Honor of Wonsuk and Julie Ma.* APTS Press Monographic Series. Baguio City: APTS, 2014.

CHAN, Simon. "Wither Pentecostalism?" In *Asian and Pentecostal: The Charismatic Face of Christianity in Asia,* edited by Allan Anderson and Edmond Tang, 575–86. Costa Mesa: Regnum, 2005.

CHO, Youngmo. *Spirit and Kingdom in the Writings of Luke and Paul: An Attempt to Reconcile these Concepts.* Paternoster Biblical Monographs. Milton Keynes: Paternoster, 2005.

COX, Harvey. *Fire From Heaven: The Rise of Pentecostal Spirituality and the Reshaping of Religion in the Twenty-first Century.* Reading, PA: Addison-Wesley, 1995.

CULLMANN, O. *Christ and Time.* Philadelphia: Westminster, 1964.

CUNNINGHAM, Scott. *"Through Many Tribulations:" The Theology of Persecution in Luke-Acts.* Journal for the Study of the New Testament Supplement Series 142. Sheffield: Sheffield Academic Press, 1997.

DAYTON, Donald W. "The Doctrine of the Baptism of the Holy Spirit: It's Emergence and Significance." *Wesleyan Theological Journal* 13 (1978) 114–26.

———. *Raízes teológicas do pentecostalismo.* Natal: Editora Carisma, 2021.

DUNN, James D. G. *Baptism in the Holy Spirit*. London: SCM, 1970.

_____. "Baptism in the Spirit: A Response to Pentecostal Scholarship." *Journal of Pentecostal Theology* 3 (1993) 3–27.

_____. *Jesus and the Spirit: A Study of the Religious and Charismatic Experience of Jesus and the First Christians as Reflected in the New Testament*. London: SCM, 1975.

ELLIS, E. Earle. *The Gospel of Luke*. New Century Bible Commentary. Rev. ed. Grand Rapids: Eerdmans, 1974.

EVANS, Craig. *Luke*. New International Biblical Commentary. Peabody: Hendrickson, 1990.

FEA, John. "Power from on High in an Age of Ecclesiastical Impotence: The 'Enduement of the Holy Spirit' in American Fundamentalist Thought, 1880–1936." *Fides et Historia* 26 (1994) 23–35.

FEE, Gordon D. *The First Epistle to the Corinthians*. New International Commentary on the New Testament. Grand Rapids: Eerdmans, 1987.

_____. *God's Empowering Presence: The Holy Spirit in the Letters of Paul*. Peabody: Hendrickson, 1994.

FINDLAY, James F., Jr. *Dwight L. Moody: American Evangelist 1837–1899*. Chicago: The University of Chicago Press, 1969.

FRODSHAM, Stanley H. "Disfellowshiped!." *The Pentecostal Evangel* (August 18, 1928) 7.

_____. "Why We Know the Present Pentecostal Movement Is of God: An Answer to a Tract, *Is the Present Tongues Movement of God?*" *The Christian Evangel* (August 9, 1919) 4–5.

GEE, Donald. *All with One Accord*. Springfield, MO: GPH, 1961.

_____. *Concerning Spiritual Gifts*. Springfield, MO: GPH, 1972.

_____. *Is It God?* Springfield, MO: GPH, 1972.

_____. *The Pentecostal Movement, Including the Story of the War Years (1940–1947)*. Rev. ed. London: Elim, 1949.

_____. *Why Pentecost?* London: Victory, 1944.

GEORGE, Timothy, ed. *Pilgrims on the Sawdust Trail: Evangelical Ecumenism and the Quest for Christian Identity*. Grand Rapids: Baker Academic, 2004.

GILBERTSON, Richard. *The Baptism of the Holy Spirit: The Views of A.B. Simpson and His Contemporaries*. Camp Hill, PA: Christian Publications, 1993.

GLOEGE, Timothy E. W. "A Gilded Age Modernist: Reuben A. Torrey and the Roots of Contemporary Conservative Evangelicalism." In *American Evangelicalism: George Marsden and the State of American Religious History*, edited by Darren Dochuk et al., 199–229. Notre Dame: University of Notre Dame Press, 2014.

_____. *Guaranteed Pure: The Moody Bible Institute, Business, and the Making of Modern Evangelicalism*. Chapel Hill, NC: The University of North Carolina Press, 2015.

GRAVES, Robert, ed. *Strangers to Fire: When Tradition Trumps Scripture*. Tulsa: Empowered Life, 2014.

GREEN, Gene L. *Jude and 2 Peter*. Baker Exegetical Commentary on the New Testament. Grand Rapids: Baker Academic, 2008.

GREEN, Joel B. "Learning Theological Interpretation from Luke." In *Reading Luke: Interpretation, Reflection, Formation*, edited by Craig G. Bartholomew et al., 55–78. Scripture and Hermeneutics Series 6. Grand Rapids: Zondervan, 2005.

_____. *The Gospel of Luke*. New International Commentary on the New Testament. Grand Rapids: Eerdmans, 1997.

GRESHAM, John L. *Charles G. Finney's Doctrine of the Baptism of the Holy Spirit*. Peabody: Hendrickson, 1987.

HACKING, Keith J. *Signs and Wonders, Then and Now: Miracle-working, commissioning and discipleship*. Nottingham: Apollos/IVP, 2006.

HARKNESS, Robert. *Reuben Archer Torrey: The Man and His Message*. Chicago: The Bible Institute Colportage Association, 1929.

HARVEY, Robert, and Philip H. Towner. *2 Peter and Jude*. IVP New Testament Commentary Series 18. Downers Grove, IL: InterVarsity, 2009.

HATTAWAY, Paul. *Operation China: Introducing All the People of China*. Carlisle, UK: Piquant, 2000.

HOLLENWEGER, Walter J. *The Pentecostals*. Peabody: Hendrickson, 1988.

HORTON, Stanley M. *Reflections of An Early American Pentecostal*. Pentecostalism, Around the World. Baguio City: APTS, 2001.

_____. "Review of R. A. Torrey, *The Person and Work of the Holy Spirit.*" *Paraclete* 3 (1969) 29–30.

HUNTER, Alan, and Kim-Kwong Chan. *Protestantism in Contemporary China.* Cambridge: Cambridge University Press, 1993.

ISGRIGG, Daniel. "The Pentecostal Evangelical Church: The Theological Self-Identity of the Assemblies of God as Evangelical 'Plus.'" A paper presented at the 46th Meeting of the Society for Pentecostal Studies, March 2017.

JELLICOE, Sidney. "St Luke and the 'Seventy(-Two)." *New Testament Studies* 6 (1960) 319–21.

JENKINS, Philip. *The New Faces of Christianity: Believing the Bible in the Global South.* New York: Oxford University Press, 2006.

_____. *The Next Christendom: The Coming of Global Christianity.* Oxford: Oxford University Press, 2002.

KALU, Ogbu U. "Sankofa: Pentecostalism and African Cultural Heritage." In *The Spirit in the World: Emerging Pentecostal Theologies in Global Contexts*, edited by Veli-Matti Kärkkäinen, 135–52. Grand Rapids: Eerdmans, 2009.

KAO, Chen-Yang. "The Cultural Revolution and the Post-Missionary Transformation of Protestantism in China." PhD thesis, University of Lancaster, 2009.

KÄRKKÄINEN, Veli-Matti. "How to Speak of the Spirit Among Religions: Trinitarian 'Rules' for a Pneumatological Theology of Religions." *International Bulletin of Missionary Research* 30 (2006) 121–27.

_____. "Pentecostal Pneumatology of Religions: The Contribution of Pentecostalism to Our Understanding of the Work of God's Spirit in the World." In *The Spirit in the World: Emerging Pentecostal Theologies in Global Contexts*, edited by Veli-Matti Kärkkäinen, 155–80. Grand Rapids: Eerdmans, 2009.

_____. "Theology of the Cross: A Stumbling Block to Pentecostal/Charismatic Spirituality?" In *The Spirit and Spirituality: Essays in Honour of Russell P. Spittler*, edited by Wonsuk Ma and Robert Menzies, 150–63. Journal of Pentecostal Theology Supplement Series 24. London: T&T Clark International, 2004.

———. *Trinity and Revelation*. Vol. 2, *Constructive Christian Theology for the Pluralistic World*. Grand Rapids: Eerdmans, 2014.

———. *The Spirit in the World: Emerging Pentecostal Theologies in Global Contexts*. Grand Rapids: Eerdmans, 2009.

KARRIS, Robert J. "Missionary Communities: A New Paradigm for the Study of Luke-Acts." *Catholic Biblical Quarterly* 41 (1979) 80–97.

KÄSEMANN, Ernst. *Commentary on Romans*. Grand Rapids: Eerdmans, 1980.

———. *Perspectives on Paul*. Philadelphia: Fortress, 1971.

KEENER, Craig S. *Hermenêutica do Espírito: lendo as Escrituras à luz do pentecostes* São Paulo: Vida Nova, 2018.

KING, Gerald W. *Disfellowshiped: Pentecostal Responses to Fundamentalism in the United States, 1906–1943*. Eugene, OR: Pickwick, 2011.

KUMMEL, W. G. *Promise and Fulfillment*. London: SCM, 1957.

KUZMIC, Peter. "A Croatian War-Time Reading." *Journal of Pentecostal Theology* 4 (1994) 17–24.

LADD, G. E. "The Kingdom of God—Reign or Realm?" *Journal of Biblical Literature* 81 (1962) 230–38.

———. *The Presence of the Future*. Grand Rapids: Eerdmans, 1974.

———. *A Theology of the New Testament*. Revised version edited by Donald A. Hagner. Grand Rapids: Eerdmans, 1993.

LEE, Chang-Soung. "In the Beginning There Was a Theology: The Precedence of Theology over Experience in the Pentecostal Movement." https://pentecost.asia/articles/inthe-beginning-there-was-a-theology-the-precedence-of-theology-over-experiencein-the-pentecostal-movement/.

LUZ, Ulrich. "Paul as Mystic." In *The Holy Spirit and Christian Origins: Essays in Honor of James D. G. Dunn*, edited by Graham N. Stanton et al., 131–43. Grand Rapids: Eerdmans, 2004.

MA, Wonsuk, and Robert Menzies, eds. *The Spirit and Spirituality: Essays in Honour of Russell P. Spittler*. Journal of Pentecostal Theology Supplement Series 24. London: T. & T. Clark International, 2004.

MACARTHUR, John. *Fogo Estranho*. Rio de Janeiro: Thomas Nelson, 2015.

MACCHIA, Frank D. "Sighs Too Deep for Words: Toward a Theology of Glossolalia." *Journal of Pentecostal Theology* 1 (1992) 47–73.

MADDOX, Robert. *The Purpose of Luke-Acts*. Edinburgh: T. & T. Clark, 1982.

MARSDEN, George M. *Fundamentalism and American Culture*. 2nd ed. Oxford: Oxford University Press, 2006.

MARSHALL, I. Howard. *The Gospel of Luke: A Commentary on the Greek Text*. New International Greek Testament Commentary. Grand Rapids: Eerdmans, 1978.

MARTIN, David. *Pentecostalism: The World Their Parish*. Oxford: Blackwell, 2002.

MARTIN, Roger. *R. A. Torrey: Apostle of Certainty*. Murfreesboro, TN: Sword of the Lord, 1976.

MATSON, David. *Household Conversion Narratives in Acts: Pattern and Interpretation*. The Library of New Testament Studies 123. Sheffield: Sheffield Academic Press, 1996.

MAYNARD-REID, Pedrito U. *Complete Evangelism: The Luke-Acts Model*. Scottdale, PA: Herald, 1997.

MBITI, J. S. *Bible and Theology in African Christianity*. Nairobi: Oxford University Press, 1986.

MCLOUGHLIN, William G., Jr. *Modern Revivalism*. New York: Ronald, 1959.

MENZIES, Robert P. "Acts 2:17–21: A Paradigm for Pentecostal Mission." *Journal of Pentecostal Theology* 17 (2008) 200–218.

_____. "Complete Evangelism: A Review Essay." *Journal of Pentecostal Theology* 13 (1998) 133–42.

_____. *Empoderados para testemunhar: o Espírito em Lucas-Atos*. Natal: Editora Carisma, 2021.

_____. *The Language of the Spirit: Interpreting and Translating Charismatic Terms*. Cleveland, TN: Centre for Pentecostal Theology, 2010.

_____. "The Nature of Pentecostal Theology: A Response to Kärkkäinen and Yong." *Journal of Pentecostal Theology* 26 (2017) 196–213.

_____. *Pentecostes: esta história é a nossa história*. Rio de Janeiro: CPAD, 2016.

_____. "Pentecostals in China." In *Global Renewal Christianity: Spirit-Empowered Movements Past, Present, and Future: Asia and Oceania*, edited by Vinson Synan and Amos Yong, 1:67–90. Lake Mary, FL: Charisma House, 2015.

———. "The Persecuted Prophets: A Mirror-Image of Luke's Spirit-Inspired Church." In *The Spirit and Christ in the New Testament & Christian Theology*, edited by I. Howard Marshall et al., 52–70. Grand Rapids: Eerdmans, 2012.

———. "A Review of Darrell Bock's *Acts*." *Pneuma* 30 (2008) 349–50.

———. "A Review of Keith J. Hacking's *Signs and Wonders, Then and Now: Miracleworking, commissioning and discipleship*." *Evangelical Quarterly* 79 (2007) 261–65.

———. "The Sending of the Seventy and Luke's Purpose." In *Trajectories in the Book of Acts: Essays in Honor of John Wesley Wykoff*, edited by Paul Alexander et al., 87–113. Eugene, OR: Wipf & Stock, 2010.

———. *Glossolalia*. Natal: Editora Carisma, 2019.

———. "Subsequence in the Pauline Epistles." *Pneuma* 39 (2017) 342–63.

MENZIES, W. William e Robert P. Menzies. *No poder do Espírito*: fundamentos da experiência pentecostal. Natal: Editora Carisma, 2020.

MERK, Otto. "Das Reich Gottes in den lukanischen Schriften." In *Wissenschaftgeschichte und Exegese: Gesammelte Aufsätze zum 65. Geburstag*, edited by Martin Karrer and Martin Meiser, 272–91. Beihefte zur Zeitschrift für die Neutestamentliche Wissensch. Berlin: De Gruyter, 1998.

METAXAS, Eric. *Martin Luther: The Man Who Rediscovered God and Changed the World*. New York: Viking, 2017.

METZGER, Bruce. "Seventy or Seventy-Two Disciples?" *New Testament Studies* 5 (1959) 299–306.

MITTELSTADT, Martin W. *Reading Luke-Acts in the Pentecostal Tradition*. Cleveland, TN: Centre for Pentecostal Theology, 2010.

———. *The Spirit and Suffering in Luke-Acts: Implications for a Pentecostal Pneumatology*. Journal of Pentecostal Theology Supplement Series 26. London: T. & T. Clark International, 2004.

MOODY, D. L. "Question Drawer." In *College Students at Northfield*, edited by T. J. Shanks, 204–5. New York: Revell, 1888.

NICKLE, Keith F. *Preaching the Gospel of Luke: Proclaiming God's Royal Rule*. Louisville: Westminster John Knox, 2000.

NIENKIRCHEN, Charles. "A. B. Simpson: Forerunner and Critic of the Pentecostal Movement." In *The Birth of A Vision*, edited by David F. Hartzfeld and Charles Nienkirchen, 125–64. Beaverlodge, Canada: Buena, 1986.

NOLL, Mark A. *The Scandal of the Evangelical Mind*. Grand Rapids: Eerdmans, 1994.

NOLLAND, J. *Luke 9.21—18.34*. Word Biblical Commentary 35B. Dallas: Word, 1993.

PHILLIPS, Gary W. "Evangelicals and Pluralism: Current Options." *Evangelical Quarterly* 64 (1992) 229–44.

POIRIER, John C. *The Tongues of Angels: The Concept of Angelic Languages in Classical Jewish and Christian Texts*. Wissenschaftliche Untersuchungen zum Neuen Testament 2/287. Tübingen: Mohr Siebeck, 2010.

POLOMA, Margaret M., and John C. Green. *The Assemblies of God: Godly Love and the Revitalization of American Pentecostalism*. New York: New York University Press, 2010.

RIDDERBOS, H. N. *The Coming of the Kingdom*. Philadelphia: Reformed and Presbyterian, 1962.

SCHNACKENBURG, R. *God's Rule and Kingdom*. Montreal: Palm, 1963.

SMEETON, Donald D. "The Charismatic Theology of R.A. Torrey." *Paraclete* 14 (1980) 20–23.

SMITH, James K. A. "The Closing of the Book: Pentecostals, Evangelicals, and the Sacred Writings." *Journal of Pentecostal Theology* 11 (1997) 49–71.

SPITTLER, Russell P. "Review of John C. Poirier's *The Tongues of Angels*." *Journal of Biblical and Pneumatological Research* 3 (2011) 146–52.

STIBBE, Mark. *Know Your Spiritual Gifts: Practising the Presents of God*. London: Marshall Pickering, 1997.

STRONSTAD, Roger. *Teologia lucana sob exame*. Natal: Editora Carisma, 2018.

SWEET, J. P. M. "A Sign for Unbelievers: Paul's Attitude to Glossolalia." In *Speaking in Tongues: A Guide to Research on Glossolalia*, edited by Watson E. Mills, 141–64. Grand Rapids: Eerdmans, 1986.

SYNAN, Vinson. *An Eyewitness Remembers the Century of the Holy Spirit.* Grand Rapids: Chosen, 2010.

_____. *O século do Espírito Santo: 100 anos do avivamento pentecostal e carismático.* São Paulo: Vida, 2009.

TANNEHILL, Robert C. *The Narrative Unity of Luke-Acts: A Literary Interpretation.* Vol. 1, *The Gospel According to Luke.* Philadelphia: Fortress, 1986.

TENNENT, Timothy C. *Theology in the Context of World Christianity.* Grand Rapids: Zondervan, 2007.

THISELTON, Anthony C. *The Holy Spirit: In Biblical Teaching, through the Centuries, and Today.* Grand Rapids: Eerdmans, 2013.

TIEDE, D. L. "The Exaltation of Jesus and the Restoration of Israel in Acts 1." *Harvard Theological Review* 79 (1986) 278–86.

TIMENIA, Lora Angeline Embudo. "Understanding 'Toronto Blessing' Revivalism's Signs and Wonders Theology in the Filipino Context: with Critical Evaluation from a Classical Pentecostal Perspective." MTh Thesis, Asia Pacific Theological Seminary, Submitted November, 2019 (soon to be published by APTS Press).

TORREY, R. A. *The Baptism with the Holy Spirit.* Minneapolis: Bethany Fellowship, 1972.

_____. *Divine Healing: Does God Perform Miracles Today?* N.p.: Pantianos Classics, 2017.

_____. *Great Pulpit Masters: A Book of Sermons.* New York: Revell, 1950.

_____. *The Holy Spirit: Who He Is, and What He Does.* New York: Revell, 1927.

_____. *The Person and Work of the Holy Spirit.* Rev. ed. Grand Rapids: Zondervan, 1974.

_____. *What the Bible Teaches.* New Kensington, PA: Whitaker, 1996.

_____. *Why God Used D. L. Moody.* In *How to Pray and Why God Used D. L. Moody,* loc. 1041–520. N.p.: Christian Classics Treasury, 2011. Kindle edition.

TURNER, Max. "Does Luke Believe Reception of the 'Spirit of Prophecy' Makes All 'Prophets'? Inviting Dialogue with Roger Stronstad." *Journal of the European Pentecostal Theological Association* 20 (2000) 3–24.

———. "Every Believer as a Witness in Acts?—in Dialogue with John Michael Penney." *Ashland Theological Journal* 30 (1998) 57–71.

———. *The Holy Spirit and Spiritual Gifts Then and Now*. Carlisle: Paternoster, 1996.

———. *Power from on High*. Sheffield: Sheffield Academic Press, 1996.

———. "The Spirit and Salvation in Luke-Acts." In *The Holy Spirit and Christian Origins: Essays in Honor of James D. G. Dunn*, edited by Graham Stanton et al., 103–16. Grand Rapids: Eerdmans, 2004.

TWELFTREE, Graham H. *People of the Spirit: Exploring Luke's View of the Church*. Grand Rapids: Baker, 2009.

WACKER, Grant. *Heaven Below: Early Pentecostals and American Culture*. Cambridge: Harvard University Press, 2001.

———. "The Holy Spirit and the Spirit of the Age in American Protestantism, 1880–1910." *The Journal of American History* 72 (1985) 45–62.

———. "Travail of a Broken Family: Evangelical Responses to Pentecostalism in America, 1906–1916." *Journal of Ecclesiastical History* 47 (1996) 505–27.

WALDVOGEL, Edith L. "The 'Overcoming' Life: A Study in the Reformed Evangelical Contribution to Pentecostalism." *Pneuma* 1 (1979) 7–19.

WARD, Horace S., Jr. "The Anti-Pentecostal Argument." In *Aspects of Pentecostal-Charismatic Origins*, edited by Vinson Synan, 99–122. Plainfield, NJ: Logos International, 1975.

WARRINGTON, Keith. *Pentecostal Theology: A Theology of Encounter*. London: T. & T. Clark, 2008.

WEDDERBURN, A. J. M. "Romans 8.26—Towards a Theology of Glossolalia." *Scottish Journal of Theology* 28 (1975) 369–77.

WILLIAMS, J. Rodman. "'Harvey Cox and Pentecostalism: A Review of *Fire From Heaven*." Paper read at the Azua Lectures, Regent University, April 1995. https://aps-journal.com/index.php/APS/article/download/48/45?inline=1.

WIMBER, John, and Kevin Springer. *Power Evangelism*. San Francisco: Harper & Row, 1991.

WITHERINGTON, Ben, III. *The Acts of the Apostles: A Socio-Rhetorical Commentary*. Grand Rapids: Eerdmans, 1998.

WRIGHT, N. T. *Surprised by Hope: Rethinking Heaven, the Resurrection, and the Mission of the Church.* New York: HarperOne, 2008.

YANG, Fenggang. "Lost in the Market, Saved at MacDonald's: Conversion to Christianity in Urban China." *Journal for the Scientific Study of Religion* 44 (2005) 423–41.

YONG, Amos. *Beyond the Impasse: Toward a Pneumatological Theology of Religions.* Grand Rapids: Baker Academic, 2003.

———. *Discerning the Spirit(s): A Pentecostal-Charismatic Contribution to Christian Theology of Religions.* Journal of Pentecostal Theology Supplement Series 20. Sheffield: Sheffield Academic Press, 2000.

———. "From Azusa Street to the Bo Tree and Back: Strange Babblings and Interreligious Interpretations in the Pentecostal Encounter with Buddhism." In *The Spirit in the World: Emerging Pentecostal Theologies in Global Contexts*, edited by Veli-Matti Kärkkäinen, 203–26. Grand Rapids: Eerdmans, 2009.

———. *Spirit of Love: A Trinitarian Theology of Grace.* Baylor: Baylor University Press, 2012.

———. *The Spirit Poured Out on All Flesh: Pentecostalism and the Possibility of Global Theology.* Grand Rapids: Baker Academic, 2005.

———. *Who Is the Holy Spirit? A Walk with the Apostles.* Brewster, MA: Paraclete, 2011.